感じよく伝わる！
大人の モノの言い方

櫻井弘話し方研究所代表
櫻井弘

永岡書店

こんなとき、あなたならどんな

■たくさんの人に協力してもらいたいとき

みんなで
頑張り
ましょう！

みなさんの
ご協力なくしては
実現できません。

ちゃんと伝えたつもりなのに、なぜか誤解を招いてしまう……。
そんな「残念なモノの言い方」をしていませんか？

言い方をしますか？

■上司の意見に反対するとき

× そこは違うと思うんですが……

○ そのご意見はごもっともですが……

言い方を工夫するだけで

頼りにしているニュアンスを伝えることで、相手もやる気になって協力してくれます。

まず相手の意見を肯定することで、こちらの提案を受け入れてもらいやすくなります。

結果は大きく変わります！

ちょっと言いにくいことほど伝え方が重要です。
モノの言い方であなたへの印象や結果は大きく変わります！

> 相手に感じよく伝わる
> 「大人のモノの言い方」を
> 身につけるだけで
> 仕事も人間関係も
> 驚くほどうまくいきます！

◯大人のモノの言い方

- ☑ 相手にとって身近な具体例を用いて話す
- ☑ 本題に入る前に相手を気づかうひと言を入れる
- ☑ 結論から話すなど整理して順序よく話す
- ☑ まず聞き役に回り、相手の気持ちや立場に配慮する
- ☑ 相手が話を聞きやすい態度や表情を意識する

相手を気づかうひと言から信頼関係が生まれ、**誤解されずに伝わり受け入れてもらえる!**

✕ 残念なモノの言い方

- ☑ 抽象的な表現で大雑把に話す……
- ☑ 相手の気持ちを考えず一方的に話し出す……
- ☑ 話に起承転結がなく説明力が不十分……
- ☑ 資料を用意したりせず、くどくどと話す……
- ☑ 無表情でつまらなそうに話す……

ひとりよがりなひと言が
パワハラ、モラハラに…
**相手を傷つけて
いませんか？**

Contents

［プロローグ］

こんなとき、あなたならどんな言い方をしますか？　2

言い方を工夫するだけで結果は大きく変わります！　4

大人のモノの言い方、残念なモノの言い方　6

Part 1 ひと言添えるだけで
印象がよくなるマジック・フレーズ　10

相手を気づかうひと言　マジック・フレーズで相手にいい印象を与えよう　12

気づかいを感じさせ　相手に信頼されるマジック・フレーズ　14

話がスムーズに進み　会話の質を高めるマジック・フレーズ　24

初対面でもラクに話せる　会話を弾ませるマジック・フレーズ　34

Part 2 言いにくいことでも
相手に感じよく伝わるモノの言い方　46

［SCENE 01］注意する　48　　［SCENE 05］要求する　72

［SCENE 02］断る　54　　［SCENE 06］交渉する　78

［SCENE 03］謝る　60　　［SCENE 07］納得させる　84

［SCENE 04］催促する　66

Part 3 さりげなく主張して
相手を気持ちよく動かすモノの言い方　90

［SCENE 01］無理なお願いをする　92　　［SCENE 04］ほめる　116

［SCENE 02］説明・報告する　100　　［SCENE 05］誘う　122

［SCENE 03］提案する　108

Part 4 会話の誤解&トラブルを防ぐ 伝え方のテクニック

129

あなたの伝えベタを解消するチェックポイント　130 ／「相手の立場」に立って考えることが伝えるための第一歩　132 ／相手を尊重する伝え方をして気持ちよく動いてもらおう　133 ／表情で印象をよくする伝え方で相手の警戒心を解きほぐす 134 ／交渉のためには、相手との「調整&合意」の形成が重要　135 ／相手にうまく伝える「説明」は、「定義・理由・具体例」の提示が基本　136 ／相手の頭と心に刺さる話の展開力を上げる7つの話題　138 ／相手が理解しやすい話の展開法①「起→承→転→結」で話を進めていく　139 ／相手が理解しやすい話の展開法②「序論→本論→結論」で話をまとめる 140 ／相手が理解しやすい話の展開法③「AREA（エリア）法」で話をまとめる　141 ／初対面の人との会話の展開に詰まったときの対処法　142 ／相手の理解度を高めるプレゼンテーションの三原則 143 ／大勢の前で話すときに効果的な正しいアイ・コンタクトを覚えよう！ 144

Part 5 会話の「困った!?」を解消する 雑談のテクニック

145

あなたの雑談ベタを解消するチェックポイント　146 ／お互いの共通点を見つけることで自然と話が盛り上がる 148 ／相手が答えやすい質問で会話が弾んで好印象に！　150 ／相手が質問に答えてくれたらあいづちを打って話を盛り上げる　151 ／自分勝手なネタ振りはNG！　相手の反応を予想して話を振ろう 152 ／雑談ベタでもラクに話せる！　会話が途切れない３つのコツ　153 ／目的別・会話の「困った!?」の解消ポイント　154

Column

会話の基本は相手の話に耳を傾けること
「聞く力」を養うことで伝え上手になれる！　　128

上手に話すための発声練習
相手に「届く声」をトレーニングでつくる　　159

Part 1

ひと言添えるだけで
印象がよくなる
マジック・フレーズ

- 相手に信頼されるマジック・フレーズ ➡ P.14

- 会話の質を高めるマジック・フレーズ ➡ P.24

- 会話を弾ませるマジック・フレーズ ➡ P.34

相手に何かを頼むときや、会話をテンポよく進めたいとき、初対面の人や苦手な人に話をするときに、ひと言添えるだけで、魔法のように感じよく伝わる「マジック・フレーズ」を紹介。大人な印象を与え、会話がスムーズに進み、良好な人間関係を築くのに役立ちます。

> 相手を気づかうひと言

マジック・フレーズで
相手にいい印象を与えよう

誰かに何かを伝えるとき、言い方ひとつで相手に与える印象が変わります。相手の心を動かすモノの言い方を身につけましょう。

感じよく伝わる "大人のモノの言い方" の極意

「プレゼンが苦手」「ビジネス上の人間関係がうまくいかない」という悩みの原因は、多くの場合「言い方」にあります。もしあなたが仕事中に部下から「○○の件、先方に伝えてもらえました？」と突然声をかけられたら、どう感じるでしょうか？　おそらく乱暴で唐突な印象を抱くと思います。こんなとき、もし「少しお時間よろしいですか」とひと言添えられていたら、かなり印象が変わるのがわかると思います。言い方ひとつで、同じ内容でも感じよく伝わり、相手の心を動かすことができます。このような「マジック・フレーズ」を、話しかけるときに冒頭に入れるとすんなりと本題に入れます。マジック・フレーズは、ひと言添えるだけで相手の印象がぐっとよくなる「大人のモノの言い方」の代表例です。他にも "ボケ（刺激）とツッコミ（反応）" を意識して会話をテンポよく進ませたり、無理せずラクに話せるように会話を弾ませたりするマジック・フレーズも紹介します。どれもすぐに使えるものばかりですが、場の空気を読んで、いつどこでどのように言うかも重要な要素です。フレーズばかりにとらわれず、常識や知識、経験を身につけて、センスを磨くことも忘れないでください。

大人のモノの言い方のポイント

1 マジック・フレーズを使う!!

　相手に何かを頼むとき、いきなり頼み事を切り出すと、唐突な印象を与えてしまいます。「大変お手数ですが」「少しお時間よろしいですか？」など、本題に入る前に「マジック・フレーズ」を入れると、相手に気づかいが伝わって頼み事を聞き入れてもらいやすくなります。

2 相手の話をしっかり受け止める!!

　聞き上手になる第一歩は、違いを受け入れること。自分のスタイルに合わない意見や否定的な回答でも「面白い発想ですね！　もう少し詳しく教えてください！」と、意見の違う相手を肯定して考えを引き出しましょう。聞く姿勢を示して、情報を引き出せれば、その後の言い方や対応に余裕が生まれます。

3 相手に考える余地を残してあげる!!

　要望を伝えるときは、目の前にいる相手に向かってしっかりと言葉を届けましょう。そして、自分のことばかり話さずに、相手の立場や状況に配慮して選択肢や時間を与えたりして相手が考える余地を残すようにしましょう。このとき、場の空気を読んだり、相手の忙しさを考えたりすることも大切です。

4 否定的な表現は使わない!!

　人間の根本にある自尊感情を傷つけないようにポジティブな表現を心がけましょう。もし否定するときは、「確かにそうですね。でも、こんな場合は？…」のように、まず相手の話を聞いてから、自分の言い分を伝えるのが大人の対応です。「YES, BUT（はい、しかし…）」と覚えておくといいでしょう。

5 丁寧な表現を心がける!!

　コミュニケーションは「認識」「理解」「尊重」の3つから成り立っています。言葉づかい、とくに敬語は「尊重」の手段のひとつです。相手を尊重して、「伝える」のではなく「伝わる」言葉づかいを。自分が知っていることは相手も知っていると思い込まず、相手の理解度に応じてわかりやすく敬意をもって接しましょう。

気づかいを感じさせ
相手に信頼される
マジック・フレーズ

スマートに相手の意識を自分に向けさせる

　例えば、相手の忙しい時間を割いて企画書作成をお願いする場合、「お手数ですが…」と最初に入れるのと入れないのとでは相手の受ける印象が全く違います。大人な印象になる秘訣は「気配り」と「相手に恥をかかせないこと」。困ったときに頼りになる「口グセの引き出し」になるだけでなく、スマートに相手の意識を自分に向けさせる言い方を身につけましょう。

▶頼みづらい事をお願いするとき

○ 恐縮ですが……

実例 大変恐縮ですが、納期のご相談をしたいのですが…
大変恐縮ですが、弊社までご来社ください。

POINT いきなりお願い事を言うと一方的な印象を与えてしまいます。相手を尊重する意向を示すために「恐縮ですが…」を使いましょう。

▶相手の意向を確認したいとき

○ 差し支えなければ……

実例 差し支えなければ、納期のご希望をお聞かせください。
差し支えなければ、アドレスを教えてください。

POINT メールのやり取りはビジネスでは欠かせないものですが、相手の意向を確認し、尊重している表現として「差し支えなければ…」というのも大人の言い回し。

▶ 期日までに返事をもらいたいとき

○ お忙しい中……

実 例 お忙しい中恐縮ですが、○日までにご返事ください。
お忙しい中恐縮ですが、○日までのご請求書をください。

POINT 相手に配慮した詫び言葉のマジック・フレーズをつけることで、相手のポジティブな気持ちを引き出します。

▶ 手間のかかりそうな仕事をお願いするとき

○ お手数ですが……

実 例 お手数ですが、企画書の作成を是非お願いいたします。
お手数ですが、競合商品の販売個数のリサーチをお願いいたします。

POINT 忙しい時間を割いていただくので、「お手数ですが…」という相手の気持ちを考えたマジック・フレーズを入れましょう。ひと言添えるだけで印象がかなり変わります。

▶交渉する、変更を依頼するとき

○ 勝手申し上げますが……

実 例 勝手申し上げますが、予算をあげていただけると助かります。
勝手申し上げますが、企画の方向性を再検討したく思っております。

POINT 難しいお願いをするときに使うマジック・フレーズです。お願いするときは
まず聞き手が聞きたい結論を伝えた後に、理由をきちんと述べましょう。

▶上司に決裁をもらう、報告をするとき

○ 今よろしいでしょうか?

実 例 部長、今よろしいでしょうか? 見積書の決裁をお願いします。
今よろしいでしょうか? ○○社の案件で、ご報告があります。

POINT 忙しそうに仕事をしている上司に話しかけるときは、マジック・フレーズを
はさみましょう。気づかいが伝わるので、相手が聞く姿勢になってくれます。

Part 1 印象がよくなるマジック・フレーズ／相手に信頼される

▶参考になる意見を聞いた、資料作成してもらった

◯ **恐れ入ります**

実 例 恐れ入ります。今後の仕事のヒントにさせていただきます。
アドバイスだけでなく、資料まで作成していただき、恐れ入ります。

POINT 相手に好印象を与えられるマジック・フレーズ。「言葉づかいは、心づかい」と
言われるように、相手に対する敬意を伝えるのは社会人としてのマナーです。

▶仕事の依頼を断る、誘いを断る

◯ **あいにくですが……**

実 例 あいにくですが、今回はお引き受けできかねます。
あいにくですが、約束がありますので参加できません。

POINT 最初から「できません」という否定の言葉を使うことなく断る大人の言い回
しです。「都合があってできない」ということをしっかり説明しましょう。

▶ メールを見てもらう、納品の確認をする

○ お世話になります

実例 お世話になります。〜のメールはご確認くださいましたか？
お世話になります。本日の納品ですが、状況はいかがでしょうか？

POINT 相手がメールを見たかどうかを確認したいときは、いきなり「見てもらえました？」と聞くのではなく、まず「お世話になります」と感謝の言葉をはさむのが大人の対応です。

▶ 不手際をわびる、手間をとらせたことをわびる

○ お許しください

実例 私どもの不手際でご迷惑をおかけしたことをお許しください。
○○様にお手間をとらせてしまったことをお許しください。

POINT 失敗やミスをしたときは言い訳せずに、まず自分の失敗を認めて謝罪しましょう。相手に言われる前に自分から先手で発するのがポイントです。

▶ コピーしてもらう、同行をお願いする

○ 申し訳ありませんが……

実例 申し訳ありませんが、これをコピーしてくださいますか？
申し訳ありませんが、○○社へご同行お願いできますか？

POINT 「申し訳ありませんが…」もマジック・フレーズ。人に対して「依頼」する
ときは、この詫び言葉のマジック・フレーズを多用することがポイント。

▶ 書記を頼む、力を貸してほしい

○ 是非とも

実例 是非とも○○さんに書記をお願いします。
是非とも、○○様のお力添えをお願いします。

POINT 「是非とも」という表現に推薦している人の気持ちが表れている。推薦する
側に熱意がなければ、相手の気持ちを動かすことはできません。

▶ 誤解を招いてしまった、迷惑をかけてしまった

○ 言葉が足りず……

実例 言葉が足りず申し訳ありませんでした。再度確認しておくべきでした。
私の言葉が足りず、○○様にご迷惑をかけてしまいました。

POINT 説明不足で相手に負担をかけてしまったときに使う謝罪のマジック・フレーズ。相手側に多少のミスがあったとしても、自分から先手を打って謝ることで相手の気持ちをある程度抑えることができます。

▶ 感謝のメールをもらった、食事に誘ってもらった

○ お気づかい……

実例 お気づかいのメールありがとうございます。嬉しく思っております。
お気づかいくださりありがとうございます。ぜひ参加させてください。

POINT お礼の言葉でも謝罪の言葉でも使える便利なマジック・フレーズ。相手の行為に感謝して、敬意を払う気持ちが伝えられます。

▶ こちらが伝えたい「核心」を伝える

〇 結論から申しますと……

実 例 結論から申しますと、今回のプロジェクトの狙いは "定食屋のカフェ化" にあります。

POINT 話をわかりやすく伝えるためには、結論を先に伝え、そのあとに細かい事柄を述べていくのが効果的です。こちらが伝えたい核心の言葉をひと言で伝えることで、相手に聞く姿勢が整い、込み入った話も伝わりやすくなります。

▶ 選択肢を設けて自然に選ばせるように仕向ける

〇 仮にですよ……

実 例 仮にですよ、○○さんと△△さんから同時に誘われたら、どちらに行きますか?

POINT 選択肢がある質問は答えやすい半面、あやふやな回答がしにくくなります。しかし、「仮に…」という言葉を付け足せば、相手も「これは仮だけど…」と踏まえた上で、回答しやすくなります。

▶内容を復唱する、日時などをメールで送る

○ 念のため……

実例 念のため、復唱させていただきます。
念のため、日時や場所をメールで送付いたします。

POINT 重要なことを確認して念押しするときや合意した内容を再確認したいときに使えるフレーズ。慎重で丁寧な印象を与えられるので、積極的に使っていきましょう。

▶商談成功の報告をする、難関を乗り越えたとき

○ おかげさまで……

実例 おかげさまで、無事商談をまとめることができました。
おかげさまで、苦境を乗り切ることができました。

POINT 日ごろからお世話になっている相手の自尊感情を守る表現。相手に対する敬意と感謝を同時に伝えることができるフレーズです。

話がスムーズに進み
会話の質を高める
マジック・フレーズ

会話が続き、話題を自由自在に展開させる"ネタ振り"

　会話がテンポよく進むには、質問をするだけでなく、様々な話題を振ることが大切です。相手の気持ちや状況を理解した上で、相手の話に打てば響くような反応を示し、こちらからネタを振ることで、会話のキャッチボールは続きます。また、ネタ振りによって話の内容をひとつに絞ったり、話を深めたり、別の話題へと展開させたりすることで、自分の話したい会話に持っていくことができます。

▶話題を絞りたいとき

○ **その中でひとつだけ
挙げるとしたら?**

展開例 　相手：たくさんイメージが浮かぶと思いますが、その中でひとつだけ挙げる
　　　　としたら?
　　　　自分：そうですね……。○○ですかね。

POINT 　幅広い分野の話をしていると、流れが定まらず、なかなか話が盛り上がらな
　　　　いことがあります。そんなときは、あえて話題をひとつに絞ってみるのも手
　　　　です。

▶次の話題に移りたいとき

○ **そこを伺いたかったのです!
では次に、**

展開例 　相手：大切なのは○○かもしれませんね。
　　　　自分：まさにそこを伺いたかったのです!　さすがです。では次に……

POINT 　結論が出た話を続けていると、どんどん場が盛り下がってしまうこともあり
　　　　ます。一度結論が出たら、そのチャンスを逃さず、次の話題に展開させまし
　　　　ょう。

Part 1　印象がよくなるマジック・フレーズ／会話の質を高める

▶ あらためてネタを振り直したいとき

○ 私のネタの振り方が 悪かったですね。

展開例 　相手：○○ということかもしれませんね。
　　　　　自分：申し訳ない、私のネタの振り方が悪かったですね！　私が聞きたかったのは……

POINT 　相手の回答が要領を得ない場合、ネタの振り方に問題がないかを考えてみましょう。もし、問題があるようなら、無理に話を続けず、あらためてネタを振り直してください。

▶ 相手の専門知識を聞きたいとき

○ ○○さんならではの ご意見を

展開例 　自分：その分野にお詳しい○○さんならではのご意見をお聞かせいただけますでしょうか？
　　　　　相手：○○というのは、とてもシンプルで……

POINT 　専門知識を持っている相手には、その専門知識ネタを披露してもらうように誘導すると話が盛り上がります。また、相手に敬意を表する効果もあります。

▶追加で話を聞きたいとき

○ 関連して
○○についても
ご意見をいただけますか?

展開例 自分：○○というご質問が出たところで、関連して○○についてもご意見を
いただけますか?
相手：○○は、とても難しい問題ですが、最近の調査で……

POINT 大人数で話している場合、誰かの質問に合わせて、追加の話を促すこともできます。場の空気や話の流れを見極めて、適切なネタを振りましょう。

▶相手のことを知りたいとき

○ ○○さんでしたらどれを?

展開例 自分：その場合は、対策としてＡＢＣの３つ考えられますが、○○さんでしたらどれを?
相手：私ならＡですね。その理由は……

POINT 選択肢を絞ってネタを振ると、相手の考え方がわかります。また、選択肢があると相手が答えやすくなるので、話を引き出しやすくなる効果もあります。

▶ さらに話を進めたいとき

○ **ここまで来たら
とことんやりましょう!**

展開例 相手：あと少しでゴールが見えそうですね。
自分：そうですね。ここまで来たらとことんやりましょう!　このプロジェクトが成功したら次への展開も期待できますね。

POINT 相手の意気込みや前向きな姿勢を聞いたら、まずはそれをほめてから、話をさらに進めてみましょう。このとき、話題を絞ると、話が進みやすくなります。

▶ 話を切り上げたいとき

○ **○○ということで
ご了承願えれば幸いです。
さて、**

展開例 相手：でも、それではうまく進まないかもしれませんよね？
自分：○○ということでご了承願えれば幸いです。さて、そこで次の話題に移りましょう。

POINT しつこく質問してきたり、ネガティブな話ばかりする人には、丁寧な言葉で了承をお願いして、次の話題に移りましょう。このとき、冷淡な印象にならないように注意してください。

▶ 相手の話を聞きたいとき

○ もし、○○さんが
○○だとしたら、

展開例 **自分**：もし、○○さんが○○だとしたら、どのような行動に出ますか？
相手：私だったら○○するでしょうね。

POINT 他の人の話やニュースなどの話題を、相手の"自分事"に置き換えて、話を促すフレーズです。自分のことに置き換えることで、より具体的に話しやすくなります。

▶ 相手の話を促したいとき

○ 是非伺いたいのですが、
○○のコツは？

展開例 **自分**：ご専門ですので、是非伺いたいのですが、○○のコツは？
相手：他の人はあまりやっていませんが、私は○○のときは……。

POINT 自分があまり知らない分野が話題に上ったら、素直に質問して、相手の話を促すのがポイントです。「勉強になります」などのあいづちを打つのも効果的です。

Part 1 印象がよくなるマジック・フレーズ／会話の質を高める

29

▶ 話のポイントを知りたいとき

○ ひと言で言うと どうなるでしょうか？

展開例 **自分**：今のお話のポイントをひと言で言うとどうなるでしょうか？
相手：○○ということです。

POINT 長い話を聞いた後に質問する場合は、話のポイントを聞いてから質問すると、要点を突いた的確な質問ができます。他に、話が理解しにくかったときにも使えます。

▶ 話をさらに聞きたいとき

○ 何か身近な具体例は ありますか？

展開例 **自分**：なるほど、大まかに理解できました。○○について、何か身近な具体例はありますか？
相手：身近な例だと、○○でよく使われていますよ。

POINT 相手の話が終わった後に、身近な具体例を聞くと、その "身近な回答" から自分の話題に持ち込みやすくなります。また、話に対する興味を表現する効果もあります。

▶話を深めたいとき

○ ◯◯とも言えますか？

展開例　**自分：** 別な言い方をすると、◯◯とも言えますか？
相手： それは少し違いますね。ただ、◯◯という点は同じです。

POINT　相手の話を言い換えてみると、その話を深めることができます。このとき、合っているか、間違っているかは大きな問題ではないので、気軽に質問してみましょう。

▶話を展開させたいとき

○ そのような例は他にもありますか？

展開例　**自分：** なるほど！　それは知りませんでした。そのような例は他にもありますか？
相手： 他だと、◯◯ということがありますね。

POINT　自分の知らない話を聞いたら、素直に「知りませんでした！」とあいづちを打ちましょう。さらに話を展開させたいときは、他の例を聞いてみるのもよいでしょう。

Part 1　印象がよくなるマジック・フレーズ／会話の質を高める

▶ 相手の好みを知りたいとき

○ もしもAとBなら どちらを選びますか?

展開例　**自分：**もしもAとBならどちらを選びますか？　また、その理由も教えていただけますか？
　　　　　相手：私ならAですね。理由は……。

POINT　相手のことを知りたいときは、漠然とした質問ではなく、二択にすると相手が答えやすくなります。このとき、併せて理由も聞くと、その後の話が盛り上がりやすくなります。

▶ 仕事や趣味について教わりたいとき

○ 我々でもできますか?

展開例　**自分：**我々でもできますか？　また、すぐに誰でもできる方法を教えていただけますか？
　　　　　相手：みなさんでも○○というソフトがあれば、簡単にできますよ。

POINT　ある程度の関係を築いた相手から教わるときは"自分"でもできるかを聞くと、細かい説明を促すことができます。相手に自分のことを考えさせられるため、親密度も高まります。

▶話のポイントを絞りたいとき

○ 前と後では何が大きく変わりましたか?

展開例　**自分:** それを行う前と後では何が大きく変わりましたか?
相手: そうですね……。コスト面が一番変わったかもしれません。

POINT　相手が新しいことを始めたという話題になったら、変化を聞くとポイントを絞れます。相手の回答に合わせて、さらに詳しく話を聞いてみるのもよいでしょう。

▶雑談をスタートさせたいとき

○ ○○を始めるきっかけは?

展開例　**自分:** 月並みな質問ですが、○○を始めるきっかけは?
相手: 小学生の頃にテレビで見て、いつかやりたいなと思っていたんですよ。

POINT　相手の仕事や趣味を知っている場合、それを始めた "きっかけ" を聞くと、その人の経歴や好み、人間像など、さまざまな情報を聞き出すことができます。

Part 1　印象がよくなるマジック・フレーズ／会話の質を高める

初対面でもラクに話せる
会話を弾ませる
マジック・フレーズ

あいさつと共通点を探す質問から会話を始めよう

　初対面や突然の沈黙、苦手な人との話を、どう切り抜ければよいのかわからず悩んでいる人も多いと思います。どの場合でも、まずは目と目を合わせてあいさつをして、それから、相手との共通点を探して身近な話題について質問してみてください。相手の回答に対して自分の話を付け加えるとなおよいでしょう。このように、コツを押さえれば驚くほどラクに会話を弾ませることができます。

▶初対面の第一声

◯ こんにちは。
私、◯◯と申します。

展開例 　**自分**：こんにちは。私、◯◯と申します。
　　　　　相手：こんにちは。私は◯◯と申します。よろしくお願いします。

POINT 　初対面では、まずあいさつと自己紹介をすることで相手も名乗りやすくなります。最初に名乗らないと、自己紹介をする機会を逸してしまうので、気を付けましょう。

▶相手のことがまったくわからないとき

◯ 今日は◯◯のような
天気ですね！

展開例 　**自分**：今日は真夏のような天気ですね！
　　　　　相手：そうですね。どうやら今週いっぱい真夏日が続くらしいですよ。
　　　　　自分：そうなんですか！

POINT 　初対面では、相手もわかっていることをあえて聞く"社交的質問"をすると、返事をもらいやすくなります。ほかの季節では「春のように暖かい」「真冬のような寒さ」「季節が逆もどりしたよう」なども有効です。

Part 1
印象がよくなるマジック・フレーズ／会話を弾ませる

35

▶ 初めての場所で

◯ ここに来るのは
初めてですか？

展開例
自分：ここに来るのは初めてですか？
相手：私は2回目なんですよ。わからないことがあったら聞いてくださいね。
自分：ありがとうございます！

POINT 初めての場所で、初めての人と会ったときは、"その場所"を共通点にして、話を進めましょう。もし相手がその場所に詳しければ、素直に知識を借りるのもよいでしょう。

▶ 話を掘り下げたいとき

◯ ここを知った
きっかけは？

展開例
自分：ここを知ったきっかけは？
相手：友人の○○さんに勧められたんですよ。
自分：○○さんなら、私も知っていますよ！

POINT 同じ場所にいるということは、同じようなきっかけでその場所にたどり着いた可能性があります。別のきっかけだった場合は、そこを掘り下げてみましょう。

▶ **プロジェクトチームに知らない人がいた**

○ **どのような
お仕事ですか?**

展開例　**自分：**私は○○を担当しているのですが、どのようなお仕事ですか?
　　　　相手：私は○○担当です。
　　　　自分：それなら今後ご一緒することが多そうですね!

POINT　大きなプロジェクトに参加すると、初対面の人がたくさんいる場合もあります。そんなときは共通点である "仕事" の話をしてみるとよいでしょう。

▶ **出張の多そうな方に**

○ **最近は、どのような場所に
行きましたか?**

展開例　**自分：**最近は、どのような場所に行きましたか?
　　　　相手：先週、北海道に行きましたよ。
　　　　自分：今時分はいい気候でしょうね!

POINT　移動が多い仕事なら、共通点である "移動" の話で盛り上がりましょう。出張先の担当や移動手段、現地の状況やおいしい食べ物などの情報を交換できます。

Part 1　印象がよくなるマジック・フレーズ／会話を弾ませる

37

▶ 話を聞いてもらっていて、沈黙したとき

○ どこまで話しましたか?

展開例　**自分**：話が途切れてしまったのですが、どこまで話しましたか?
相手：○○というところまでです。
自分：あー、そこですね。

POINT　相手が沈黙したときは、それまでの話について聞いてみるのも手です。その回答に合わせて、話を再開できるので、自然な流れを演出できます。

▶ 話に行き詰まったとき

○ ちょっと視点を
変えてみましょうか!

展開例　**相手**：これはどういうことですかね……?
自分：これは難しい問題を含んでいますね!　ちょっと視点を変えてみましょうか!

POINT　難しい問題にぶつかったときは、「難しい」と認めた上で、視点を変えることを提案してみましょう。このとき、どのような視点を設定するのかを決めることも重要です。

▶考え込んでしまったとき

◯ みなさんが
　この立場だったら
　どうします？

展開例 自分：先ほど○○という意見が出ましたが、この立場だったらどうします？
相手：私だったら○○から始めます。

POINT 相手が考え込んでしまったら、少し前の意見を持ち出して、"自分事"として考えることを提案するのもおすすめです。

▶抽象的な話ばかりで沈黙したとき

◯ 身近なことにたとえると？

展開例 自分：う〜ん……。それは身近なことにたとえると、どういうことですか？
相手：そうですね、○○に近いかもしれません。

POINT 抽象的な話が続くと、話の芯が定まらず、いつの間にか沈黙を迎えてしまうことも。そんなときは、身近なことにたとえて、話題を具体化してみましょう。

▶話が堂々巡りになったとき

○ では、逆に 考えてみましょうか！

展開例 **相手**：また同じ結論になってしまいましたね……。
自分：そうですね。では、逆に考えてみましょうか！

POINT 話が堂々巡りになって、沈黙を迎えたときは、理由と結論、原因と結果など
を逆転させて考えることを提案してみましょう。

▶話が多岐にわたりすぎたとき

○ ポイントをもう一度 整理してみましょう！

展開例 **自分**：ここまでの話のポイントをもう一度整理してみましょう！
相手：そうですね！　最初の○○のポイントは、○○ですよね。

POINT いろいろな話が同時に進んでから沈黙を迎えたときは、話のポイントを整理
してみると、自然な流れで沈黙を突破できます。他にも、「確認して」「まと
めて」「洗い出して」なども使えます。

▶ **自慢話を聞かされた**

○ すごいですね！

展開例 　**相手：**先週も、部署内で売り上げトップだったんだよね。
　　　　自分：すごいですね！　私も○○さんを見習ってがんばります！

POINT 　苦手な相手を肯定、称賛することで、相手をよい気分にさせると同時に、自分自身にも、相手がすごい人だと思わせて、苦手意識を取り除く効果があります。

▶ **意外な考え方を聞いたとき**

○ なぜそう 考えるようになったの？

展開例 　**相手：**○○って、○○だからね。
　　　　自分：私には思いつかなかったけど、なぜそう考えるようになったの？

POINT 　相手の考えに興味を示すことで、親近感をわかせる効果があります。また、相手の考え方を知ることもできます。

▶ 相手のやり方を聞いたとき

○ そうすればいいのか！

展開例　**相手**：この手の問題なら○○すれば解決するんじゃないかな。
　　　　　自分：なるほど、そうすればいいのか！　いつもそのやり方で進めていますか？
　　　　　相手：だいたいこれでうまくいくからね。

POINT　相手の考えややり方に共感を示し、肯定するフレーズです。相手の考え方を自分の中に取り入れていくことで、自分と相手との共通点を意識できるようになります。

▶ 相手の意見を聞いたとき

○ 私には　思いつかなかったけど、

展開例　**相手**：○○って、○○だよね。
　　　　　自分：私には思いつかなかったけど、それはよい考えですね。

POINT　相手の意見や感想を聞いたときは、自分では考えもつかなかったということを表現しましょう。相手を尊重していることが伝われば、雑談もスムーズに進みます。

▶ **苦手な人と二人っきりに**

○ 前から聞きたかった
のですが……

展開例 自分：前から聞きたかったのですが、○○部長とどんな話をしているのですか？

相手：やっぱりゴルフの話が多いかな。あの部長毎週のように回っているからね。

POINT 二人きりになったときは、逆にチャンスです。普段聞けないことを思い切って聞いてみると、意外な共通点が見つかるかもしれません。ひとつの雑談がきっかけでその後の関係が変わることもあるのです。

▶ **苦手な人との共通点を探りたい**

○ 私、最近○○始めたん
だけど、興味ある？

展開例 自分：私、最近○○始めたんだけど、興味あります？

相手：実は、私も○○をやってるんですよ。奇遇ですね！

POINT 気軽に趣味の話を振ってみると、意外な共通点が見つかることもあります。もし相手が興味を示さなくても、諦めずに粘り強くコミュニケーションをとりましょう。

Part 1 印象がよくなるマジック・フレーズ／会話を弾ませる

▶ 会議が終わった後

○ この後はどちらに行かれるんですか?

展開例
自分：この後はどちらに行かれるんですか?
相手：会社に戻ろうと思っています。
自分：それは大変ですね。がんばってください！

POINT 同じ会議に参加しただけの関係でも "解散" を手がかりに雑談ができます。予想外の反応が返ってきても、テンポよくあいづちを打てるように準備しておきましょう。

▶ 話すネタが尽きて沈黙を迎えたとき

○ 話題を変えて○○について話しましょうか！

展開例
自分：それでは、ここで話題を変えて○○について話しましょうか！
相手：それは面白そうですね！

POINT 話すネタが尽きて沈黙を迎えた場合、そのネタを引っ張る方法もありますが、話題をがらりと変えるのもよいでしょう。

▶苦手な人との共通点を探りたい

◯ **休日は
どう過ごしているの?**

展開例　**自分**：休日はどう過ごしているの?
　　　　相手：ジムに行ったり、犬の散歩をしたり、ですかね。
　　　　自分：犬が好きなんですね!

POINT　休日の過ごし方を聞くことでイメージが変わる場合もあります。仕事上の付き合いなら、オンとオフでまったく違う顔を持っている人もいるので、気軽に聞いてみましょう。

▶取引先で初めて会う人に

◯ **◯◯さんとは
お知り合いですか?**

展開例　**自分**：営業部の◯◯さんとはお知り合いですか?
　　　　相手：昔はよく飲みに行ったりしましたよ。
　　　　自分：◯◯さんは昔、どういう感じだったんですか?

POINT　いきなり自分のことを話したり、相手のことを聞いたりするのではなく、共通の知人のことを話してみると、相手の警戒心がやわらぎます。

Part 1　印象がよくなるマジック・フレーズ／会話を弾ませる

45

Part 2

言いにくいことでも
相手に感じよく
伝わるモノの言い方

- 注意する ➡ P.48
- 断る ➡ P.54
- 謝る ➡ P.60
- 催促する ➡ P.66
- 要求する ➡ P.72
- 交渉する ➡ P.78
- 納得させる ➡ P.84

注意する、断る、謝るなど、言いにくいことほど、相手の気持ちに配慮する言い方が必要です。また、ビジネスの交渉では、ちょっとした伝え方のミスで流れがガラリと変わってしまいます。会話での誤解やトラブルを招かない大人の言い方を身につけましょう。

SCENE 01 注意する

ときには注意することも必要です。
相手の気持ちを考えた上で、
自分の意見を伝えれば、
意図がより伝わりやすくなります。

▶部下を注意する❶

✗ ○○はやめるようにしなさい。

○ **うるさいことを言うようだけど……**

実例　うるさいことを言うようだけど、机は整理したほうがいいよ。

POINT　「うるさいことを言うようだけど……」は、「言いたいことはわかってる」と伝える表現。机を整理する「理由」が伝われば、さらによいでしょう。

▶部下を注意する❷

✗ ○○は気を付けなさい。

○ **あなたは言われたくないかもしれないけど……**

実例　あなたは言われたくないかもしれないけど、話すときは相手の目を見るようにすると、言葉が伝わりやすくなるよ。

POINT　「あなたは言われたくないかもしれないけど」がポイント。「こちらも言いたくないが……」というニュアンスも伝えられます。

▶部下を注意する❸

✖ 二度とやらないように気を付けろよ。

⭕ 私もよくやるから偉そうなことは言えないんだけど……

実例 私もよくやるから偉そうなことは言えないんだけど、連絡もれには気を付けた方がいいよ。

POINT 「私もそうだけど」という言葉を入れるだけで、「あなたと同じだけど……」という「対等」な立場になり、伝わる環境が整います。

▶話の矛盾を指摘する❶

✖ ダメじゃないか!

⭕ どうして確認しなかったのかな?

実例 この点が食い違っているようだけど、どうして確認しなかったのかな?

POINT 「論理や話の流れの矛盾」によって食い違っていることを指摘してから「なぜ?」と問いかけることで、相手が答えやすくなります。

▶話の矛盾を指摘する❷

✖ 間違えてるぞ!

⭕ もう一度条件を整理してみよう。

実例 大切なポイントだから、もう一度条件を整理して考えてみよう。

POINT 「複雑なことはシンプルに」「難しいことはやさしく」伝えることができれば、仕事の質が上がります。そのためにも条件の整理が重要です。

Part 2 相手に感じよく伝わるモノの言い方／注意する

49

▶仕事の質にたびたび問題があるとき

✖ これじゃダメですね。

〇 根本的な原因を……

実例 再三にわたり問題がありますが、この根本的な原因をおうかがいさせてください。

POINT 「仕事の質にたびたび問題がある」となると、根本的な解決が求められるので、あまり回りくどく言わず、ストレートに伝えましょう。

▶結果がともなわないとき

✖ これまで何をやってたんですか？

〇 現実的なお話をさせてください。

実例 ○○さん、これからは現実的なお話をさせてください。

POINT 「机上の空論」「絵に描いた餅」では、ビジネスになりません。あくまでも足元の「現実」から伝えることが重要です。

▶ミスを繰り返す後輩に

✖ 何回やってんだ！

〇 どうしたら解決できるかな。

実例 今回の件、どうしたら解決できると思う？　一緒に考えてみよう。

POINT 「同じミスの繰り返し」はビジネスではあってはならないこと。原因のひとつである「本人がわかっていない」に焦点を合わせた伝え方です。

▶失敗を繰り返さないように注意する

✖ もう二度とやらないでくださいね。

◯ 十分な注意を
怠らないでくださいね。

実例 今回の失敗をふまえて、十分な注意を怠らないでくださいね。

POINT 失敗は誰にでもあるが、大事なのはその経験を活かして次に失敗しないこと。それを伝えるためには「十分な注意」という表現が効果的です。

▶改善されていないとき

✖ 直ってないじゃないですか！

◯ なお一層の改善を求めます。

実例 確認させていただきましたが、なお一層の改善を求めます。

POINT 「確認した結果、まだ不十分です！」ということを、あまり直接的な表現ではなく婉曲な言い方をすることで伝わりやすくしています。

▶やわらかく意思を伝える

✖ なかなか言いづらいのですが……

◯ 自分のことを棚に上げて、
言いづらいのですが……

実例 自分のことを棚に上げて、人のことを言いづらいのですが、直言すべきだと思います。

POINT 「自分のことを棚に上げて……」とやわらかく伝え、受け入れ態勢を整えているので、その後の「○○すべき」という厳しさがより伝わりやすくなります。

Part 2 相手に感じよく伝わるモノの言い方／注意する

▶誠実な対応をしてもらいたい

✖ ちゃんとやってくださいよ。

○ お立場は十分わかります……

実例 お立場は十分わかります。ただ、しかるべき準備期間があったはずですので、善処をお願いできますでしょうか。

POINT 「あなたの立場はわかります！」と伝えることで、相手のプライドを守れるため、その後の要求が伝わりやすくなります。

▶今後の仕事を考え直す

✖ 今後はお願いしません。

○ 今後の推移次第では……

実例 今後の推移次第では、お取引を再検討させていただきます。

POINT 「ペナルティですよ！」という緊張感を適度に与え、今後の仕事をきちんとやってもらうための状況づくりをする伝え方です。

▶やわらかく注意する

✖ 間違えてませんか？

○ 私の勘違いかもしれませんが……

実例 私の勘違いかもしれませんが、注文数と型番はこれで大丈夫ですか？

POINT 「私の勘違いかも……」と「自分のせい」にすることで、「あなたを責めているのではないですよ」という気持ちが伝わります。

▶話が長い人に

✖ **話が長いのですが……**

⭕ **手短にお願いします。**

実 例 ○○さん、恐縮ですが手短にお願いできますでしょうか？

POINT 話す前に「手短にお願いします！」と言われると、不思議なもので、「短くしなくては！」という気持ちがはたらき、意識するものです。

▶進捗状況の遅れを注意する

✖ **急いでください。**

⭕ **忙しいことは重々承知しておりますが……**

実 例 忙しいことは重々承知しておりますが、今一度気を引き締めて、23日の締め切りまでよろしくお願いします。

POINT 「○日までによろしく」だけでは、なかなかその気になれません。気持ちを受けとめた上で、「気持ちを引き締めて」と伝えるとその気にさせられます。

▶注意を促す

✖ **○○しないでください。**

⭕ **○○に気を付けるともっとよくなりますよ。**

実 例 お客さまの話をもっとしっかり聴くように気を付けるともっとよくなりますよ。頑張ってくださいね！

POINT 「頑張って！」では、「何をどう頑張ればいいのか？」が伝わらないため、具体的なポイントを入れましょう。

Part 2 相手に感じよく伝わるモノの言い方／注意する

SCENE 02 断る

断るときは、どう伝えるかで、悪い印象を与えてしまうことも。やわらかい断り方を心がけましょう。

▶相手の言い分を預かった上で断る❶

✘ 少し譲っていただけませんか?

◯ **上司とも相談したのですが……**

実例 上司とも相談したのですが、難しいとの回答で、再度ご検討いただけませんか?

POINT 「上司とも相談したのですが……」という伝え方は、「自分一人の考えではありません」という組織としての考え方を伝えることができます。

▶相手の言い分を預かった上で断る❷

✘ どうしても難しいんですよ。

◯ **こちらの線も当たってみたのですが……**

実例 こちらの線も当たってみたのですが、難しい状況です。

POINT 「できるだけのことは努力もしているし、実行もしています!」ということを伝えることで、その後の発言も通りやすくする伝え方です。

▶相手の気持ちをくんで断る❶

✖ また今度お願いします。

⭕ けっこうなお話では ございますが……

実 例 けっこうなお話ではございますが、今回はご遠慮させていただきます。

POINT とてもありがたい申し出であることを伝えて、相手に配慮を示すことができる伝え方です。

▶相手の気持ちをくんで断る❷

✖ 無理でした。

⭕ よく考えさせて いただいたのですが……

実 例 先週の案件についてよく考えさせていただいたのですが、弊社では力不足でお役に立てそうにありません。

POINT 「よく考えた結果として」という意味合いが伝わり、「力不足でお役に立てない」ということをやわらかい断りとして伝えることができます。

▶規則にそって断る

✖ 規則なんですよ。

⭕ 事務的な言い方で 恐縮ですが……

実 例 事務的な言い方で大変恐縮ですが、期待には応えられません。

POINT 「事務的な言い方で大変恐縮ですが……」と表現することで、その後の断り文句が受け入れられやすくなります。

Part 2 相手に感じよく伝わるモノの言い方／断る

▶条件のよい仕事を断る

✖ 申し訳ないですね。

⭕ お受けしたいのは やまやまですが……

実例 お受けしたいのはやまやまですが、同時期に仕事が重なっていますので、今回はお断りいたします。

POINT 「今回は仕事が重なっているのでお断りしますが……」「次回を楽しみにしています」と伝えることで、全面否定にならない伝え方になります。

▶丁重に断る

✖ 今は無理なんですよね。

⭕ 心苦しいのですが……

実例 私としても大変心苦しいのですが、次回チャンスがあればぜひお願いいたします。

POINT 「この私自身が一番心苦しい！」と強調することで、真実味が伝わり、次への期待感も抱かせるような伝え方になります。

▶相手の要望に応えられない

✖ なんとかしたいんですけどね。

⭕ ご意向にお応えできず……

実例 ご意向にお応えできず申し訳ありません。またの機会にお願いできればと思います。

POINT 「今回はご意向にお応えできず申し訳ありません」と伝えてから、「でもチャンスはいくらでもありますよ」と期待感を抱かせる伝え方です。

▶理解を求める

✖ 今回だけは……

◯ 事情をお察しいただき……

実例 事情をお察しいただき、ご理解をいただければと考えています。

POINT 「ご納得いただきたいとは申しませんが、事情だけでもわかってほしい！」という気持ちが伝わります。

▶検討したことを伝える

✖ いろいろ考えたんですけど……

◯ 検討に検討を
重ねたのですが……

実例 検討に検討を重ねたのですが、今回は見送らせてください。

POINT 「検討に検討を重ねた結果」なので、無下に断ったり、単純にNOと言っているのではないということが伝わる表現です。

▶遠慮して断る

✖ 難しいかもしれません。

◯ 私どもでは力不足です。

実例 とても魅力的なお話だと思いますが、私どもでは力不足です。

POINT 「自分たちでは力及ばず……」とへりくだった言い方をすることで、丁寧に断る姿勢が伝わります。

Part 2 相手に感じよく伝わるモノの言い方／断る

▶やむを得ないことを伝える

✖ どうしてもダメです。

⭕ このようなお返事となり申し訳ないのですが……

実例 せっかくのお話で、このようなお返事となり申し訳ないのですが、次回またご縁がありましたらよろしくお願いします。

POINT 「不本意ながら……」「お役に立てず申し訳ない」などの気持ちが伝わるので、断られるほうもあまり悪い気がしない伝え方です。

▶相手の意思に従えない

✖ 従えません。

⭕ お受けいたしかねます。

実例 ご配慮に感謝いたしますが、今回はお受けいたしかねます。

POINT 「○○いたしかねます」は、婉曲的な断りフレーズの代表例。ビジネスではよく使われる表現なので、いつでも使えるように覚えておきましょう。

▶これ以上の値引きを断る

✖ もう無理ですよ。

⭕ ご容赦いただけませんでしょうか。

実例 これ以上は難しいですね。ご容赦いただけませんでしょうか。

POINT 「もう価格交渉の限度額です」ときっぱりと伝えることで、真実味や切迫感を伝えられます。

▶食事の誘いを断る

✖ その日は行けませんね。

◯ どうしてもその日だけは行けないんです。

実例 どうしてもその日だけは行けないんです。別の日程にしていただけませんか？

POINT 「どうしてもその日は行けない」という断りに「別の日に」と加えることで「あなたと食事に行きたい」という気持ちが伝わります。

▶難しいことに対応するとき

✖ これは厳しいなぁ……

◯ 善処いたしますが……

実例 善処いたしますが、場合によっては代案をご提案させてください。

POINT 「こちら側だけでは対応が難しいかもしれませんので、力を合わせてやりましょう！」と相手にも頼っていることを伝えて協力を得る伝え方です。

▶イマイチな提案を受けたとき

✖ これはどうですかね……

◯ やってみたいとは思うのですが……

実例 個人的にはやってみたいとは思うのですが、生産性を考えた場合はどうでしょうか。

POINT 「総論賛成、各論反対」という気持ちを伝える場合の言い方。部分否定をすることで、より具体的な話に持ち込むことができます。

Part 2　相手に感じよく伝わるモノの言い方／断る

59

SCENE 03 謝る

ただ謝るのではなく、理由や今後の対策などを明確にして謝ることが大切です。相手も前向きに対処してくれます。

▶共感を示しながら謝る

✘ 残念でしたね。

◯ **さぞかしがっかりなさったかと……**

実例 さぞかしがっかりなさったかと思います。大変失礼しました。

POINT 「そのときはきっとこのようなお気持ちだったのでしょうね」と相手の気持ちを代弁する共感的な伝え方です。

▶反省を伝える

✘ 申し訳ありません。

◯ **慚愧（ざんき）に堪えません。**

実例 お手数をおかけしてしまったこと、慚愧に堪えません。

POINT 「慚愧」という言葉を使うことで、「自分の見苦しさや過ちを反省して、心に深く恥じている」というより強い気持ちを伝えることができます。

▶直接、謝罪にうかがいたい

✖ 直接、謝罪させてください。

⭕ 上司と一緒に説明に
うかがいますので……

実例 上司と一緒に説明にうかがいますので、お時間をいただけないでしょうか?

POINT 「上司と一緒に」という言葉を伝えることで、「会社として考えております。大切にしております」という気持ちが伝わります。

▶全面的に非を認める

✖ 本当に申し訳ない!

⭕ おわびの言葉もありません。

実例 このような事態になってしまい、おわびの言葉もありません。

POINT 「おわびの言葉もありません」と伝えることで、全面的に自分たちの非を認めている姿が伝わります。

▶誤解させたことをわびる

✖ いや、説明したと思うんですけど……

⭕ 私の言葉に意を尽くせない
ところがございました。

実例 先日の私の言葉に意を尽くせないところがございました。申し訳ありません。

POINT 「自分自身の言葉づかいが悪かったこと」が原因で「誤解させた」と伝えることで、それ以上ことを大きくしない伝え方です。

Part 2　相手に感じよく伝わるモノの言い方／謝る

61

▶自分のミスをわびる

✖ 自分のせいです。

◯ こちらの手違いでした。

実 例 期日までに手配したつもりでしたが、こちらの手違いでした。大変失礼いたしました。

POINT 「勘違い」「思い込み」というビジネスではあってはならない基本的なミスを犯したことを素直に認めて、常識はわかっているということを伝えられます。

▶自分の非をわびる

✖ ごめんなさい。

◯ 肝に銘じます。

実 例 今後二度とこのようなことのないよう、肝に銘じます。

POINT 「肝に銘じる」と言うことで、「心に強く刻みつけるように、忘れない」という意思が伝わります。

▶不手際をわびる

✖ ちゃんとやったつもりだけど……

◯ あってはならないことでした。

実 例 理解しているつもりでしたが、あってはならないことでした。

POINT 「頭では理解していたのですが、おわびのしようもないくらい反省している」という気持ちを伝えることができます。

62

▶事態処理後にあらためて謝る

✖ 今回はすみません。

**〇 このたびは
お騒がせいたしました。**

実例 このたびはお騒がせいたしました。上司と検討した結果、今後の改善策といたしまして……

POINT 「事態をある程度処理した後」は、「ついうっかりミス」や「油断」が生じやすいため、引き続き緊張感を持っていることを伝えることが重要です。

▶不可抗力でのミスを報告、謝罪

✖ 私のせいではないもので……

**〇 やむなく〇〇のような状況に
至った次第です。**

実例 やむなく遅配という状況に至った次第です。今後に挽回のチャンスをいただけないでしょうか。

POINT 「これは本来の姿ではなく、不可抗力！」「本来のあるべき姿で、再び仕切り直したいです！」という今後への意思を伝えられます。

▶叱責に対してわびる

✖ すみません。

〇 ご指摘の通りです。

実例 〇〇様のご指摘の通りです。担当者間の引き継ぎがうまく行われておりませんでした。

POINT 「〇〇様がおっしゃった通りです！　間違っておりません！」と全面的にこちらが悪いと非を認めていることを伝える表現です。

Part 2 相手に感じよく伝わるモノの言い方／謝る

▶顧客からのクレームにわびる

✖ 申し訳ありません。

⭕ ご親切に ご注意いただきまして……

実 例 ご親切にご注意いただきまして感謝いたします。今後ご迷惑をおかけすることのないように注意します。

POINT 「クレームとは、こちらの知らない情報を提供してくれるありがたい行為」とプラスに受け止めていることを「感謝」で伝えています。

▶間違いやミスに気づかなかった

✖ 知りませんでした。

⭕ ご指摘いただけなければ 気づきませんでした。

実 例 ご指摘いただけなければ気づきませんでした。今後の糧といたします。

POINT 「ご指摘くださいましたことを、本当に貴重な働きかけと受け取っています」と肯定し、「今後に活かします」という意思を伝えられます。

▶言い訳もできないとき❶

✖ 言い訳になりますが……

⭕ 弁解の余地もありません。

実 例 私個人の認識不足で、弁解の余地もありません。

POINT 「弁解の余地もない」と言うことで、「自分で自分を責めるくらい反省しています！」という切迫感を伝えられます。

▶言い訳もできないとき❷

✖ 自分でも理解できません。

⭕ 合わせる顔がありません。

実 例 こんなケアレスミスでご迷惑をおかけしてしまい、合わせる顔がありません。

POINT 「顔を見ることもできないくらい深く反省しています」「面目ない」「お恥ずかしい」という気持ちや状況が伝わります。

▶ミスしたことを報告する

✖ ○○でミスをしました。

⭕ 早急に原因を究明いたします。

実 例 パンフレットの表記のミスにつき、早急に原因を究明いたします。

POINT ミスの原因をすぐに探す姿勢を見せ、「機敏な対応」という印象を与えることができる伝え方です。

▶謝罪を了解してもらった後

✖ またがんばります。

⭕ これに懲りず……

実 例 これに懲りず今後ともお付き合いをお願いいたします。

POINT 「謝罪了解」でひと安心せずに、今後の良好なお付き合いのお願いも、きちんと伝えられる表現です。

Part 2 相手に感じよく伝わるモノの言い方／謝る

SCENE 04 催促する

ただ催促するのではなく、相手への配慮を忘れずに相手が自発的に動きたくなる伝え方をしましょう。

▶支払いを催促する

✖ 早く入金してもらえませんか?

○ **行き違いかもしれませんが、ご入金がまだのようで……**

実例 行き違いかも知れませんが、現状ではご入金が確認できていません。

POINT 相手のミスなどを指摘する場合は、「何かの間違いだと思いますが……」という表現が有効です。

▶作業を促す❶

✖ あれ、どうなってますか?

○ **○○の件、どれくらい進んでいますか?**

実例 来週の展示会の準備の件、先日もお聞きしましたが、その後どれくらい進んでいますか?

POINT 事前に何度か情報提供をしてからの「働きかけ」が効果的です。相手からすると「聞いていない」「知らない」という弁解ができにくくなります。

▶作業を促す❷

✖ ご対応お願いします。

○ 具体的な方策を練っていただきたく……

実例 新しいマーケティング戦略について、具体的な方策を練っていただきたいのですが、次回の打ち合わせまでにお願いできますか？

POINT こちら側の要求を伝えるときは、結論はハッキリと伝えた後に、「いつまでに、何を、どのように？」という点も確認できればさらによいでしょう。

▶休日に催促する

✖ お休みでしたよね？

○ お休みのところ申し訳ありません。

実例 お休みのところ申し訳ありませんが、後送分の新商品の件、いかがでしょうか？

POINT 休みということを十分認識しているが、そこを押してのこちら側からの要求であることもわかってほしいという気持ちを伝えましょう。

▶仕事を促す

✖ 例の件、まだですか？

○ ○○さんが気をもんでいらっしゃいますよ！

実例 例の件、○○さんが気をもんでいらっしゃいますよ！

POINT 「間接的に聞いたのですが、かなり気をもんで焦っていた様子でした！」と言われると、その深刻度がより伝わりやすくなります。

Part 2　相手に感じよく伝わるモノの言い方／催促する

▶急いで返事をもらいたい

✖ 急ぎなので、なるべく早く……

◯ 至急お知らせいただけますか?

実 例 納期の件、至急お知らせいただけますか?

POINT 「至急」をビジネス上で使うと、プライオリティ（優先順位）あるいは緊急性が高いというニュアンスが、より相手に対して伝わりやすくなります。

▶相手に配慮しながら催促する❶

✖ まだ終わらないんですか?

◯ いろいろ事情はおありかと思いますが……

実 例 いろいろ事情はおありかと思いますが、ご確認いただければ幸いです。

POINT あなたの事情は、ある程度は察することもできますが、ビジネスの経験上もう限度ですので、本気で取り組んでほしいと伝えられます。

▶相手に配慮しながら催促する❷

✖ 忘れてませんか?

◯ 何かの手違いかもしれませんが……

実 例 何かの手違いかもしれませんが、ご対応いただけると助かります。

POINT 「よほどのことがあったと推測しますが、そろそろ我慢の限界も近いですよ」という気持ちが伝えられる言い方です。

▶約束の期日を過ぎた❶

✖ 期日を過ぎてますよ。

⭕ お約束の期日を
過ぎてもまだ……

実例 お約束の期日を過ぎてもまだご連絡をいただいておりません。

POINT 「ビジネスの常識として、あってはいけないことですよね」と、最後通告のようなニュアンスが伝えられます。

▶約束の期日を過ぎた❷

✖ 納品まだですか？

⭕ 状況を
お知らせいただけると……

実例 先日お願いした調査報告の件ですが、進捗いかがでしょうか。一度できているところまでで結構ですので、状況をお知らせいただけると幸いです。

POINT 期日を過ぎたことを直接的に指摘するのではなく、「状況を知らせてください」とワンクッション置くことで、攻める印象を減らす伝え方です。

▶急いでもらう

✖ 早くやってもらえませんか？

⭕ 急がすようで
申し訳ありませんが……

実例 急がすようで申し訳ありませんが、なるべく早くご対応いただけると助かります。

POINT 「もう次の取引はなくなる危険性がありますよ」という切迫感を出し、対応を要求する言い方です。

Part 2　相手に感じよく伝わるモノの言い方／催促する

▶返事を急がせる

✖ お返事をいただいてないのですが……

◯ 期日が迫って
まいりましたもので、

実例 期日が迫ってまいりましたもので、重ねてご連絡をさせていただきました。

POINT 「お忙しい中、何度も連絡をして、慌ただしくさせてしまいました！」と陳謝しながらも、それだけ急いでいるということを伝えられます。

▶確認を求める

✖ ◯◯は大丈夫ですか？

◯ ◯◯について
ご確認いただけますか？

実例 先日お伝えした◯◯についてご確認いただけますか？

POINT 「こちらも◯◯について、時間と労力を使っています！」という状況を察してもらい、確認を促すことができます。

▶逃げ場を用意して催促する

✖ 忙しいのはわかりますが……

◯ ご多忙とは存じますが……

実例 ご多忙とは存じますが、早急にご対応いただけると助かります。

POINT 「お忙しいのはわかります」と伝えることで、相手の逃げ場を作り、気遣いを感じさせることができます。

70

▶再度の対応を求める

✖ もう一度お願いします。

◯ あらためてのご対応を……

実例 3日後の23日着で、あらためてのご対応をお願いします。

POINT 「再度の対応」＝「再提出」＝「やり直し」という意味をやわらかく伝え、同時に、期限をつけることで、厳しさも伝えられます。

▶誠意を求める❶

✖ いい加減なことはやめてください。

◯ 誠意のあるご対応を……

実例 誠意のあるご対応をお待ちしております。

POINT 我々が納得できる程度の努力と工夫を行ってくださいというメッセージを伝えるのがポイント。相手にわからせる努力と工夫も重要。

▶誠意を求める❷

✖ こっちのことも考えてください。

◯ ご配慮をいただけないでしょうか。

実例 難しい状況になってしまったので、ご配慮をいただけないでしょうか。

POINT 「難しい状況にまでしてしまったことの責任を取ってください！」という本音をストレートに伝えず、遠回しに伝えられる言い方です。

Part 2 相手に感じよく伝わるモノの言い方／催促する

SCENE 05 要求する

値引きや納期など、通りにくそうな要求も伝え方を工夫すれば、受け入れてもらうことができます。

▶再考を要求する❶

✖ もう一回、考えてもらえますか？

○ **あなたならもう少しよい企画を考えられるはずなので……**

実例 あなたならもう少しよい企画を考えられるはずなので、もう一度考えていただけますか？

POINT 「力を抜いていませんか？」「本気で取り組みましたか？」「少し油断していませんか？」という緊張感を伝えられます。

▶再考を要求する❷

✖ 考え直してもらえますか？

○ **こういうアイディアも出てきましたので……**

実例 こういうアイディアも出てきましたので、もう一度考えていただけますか？

POINT 「今まで出なかったアイディアが新しく出てきたため、リセットして、あらためて考えなければならなくなりました」という状況を伝えられます。

► 再考を要求する❸

❌ 最初から考え直してもらえますか?

⭕ もう少しブラッシュアップ
できそうですね。

実例 もう少しブラッシュアップできそうですね。○○さんならではのアイディアを期待していますよ!

POINT 「作り直しと言いたいところですが、改善の余地が大いにありますね!」と伝えて、さらによいものを求める伝え方です。

► 負担軽減を要求する

❌ そういうことはそちらでやっていただけますか?

⭕ 必要な資料を
ご準備いただければ……

実例 必要な資料をご準備いただけるのであれば、やりましょう。

POINT 「本来はやりたくないことですが……」というニュアンスを伝え、「○○すればOK!」と条件を具体的に伝えることで相手の不快感を和らげられます。

► 値引きを要求する

❌ もうちょっと安くできるよね?

⭕ どの部分を変えれば、
値段が抑えられると思いますか?

実例 現状で値引きは難しいということですが、どの部分を変えれば、値段が抑えられると思いますか?

POINT 「値引きが難しい」という事実を確認した上で、「どの部分を変えれば、値段が抑えられるか」と表現して、値引きする方向へ持っていく伝え方です。

Part 2 相手に感じよく伝わるモノの言い方／要求する

73

▶最終値引きを要求する

✖ ギリギリどこまで行ける？

⭕ ○○であればこの案件にゴーサインが出るのですが……

実例 言い値で恐縮ですが、○○であればこの案件にゴーサインが出るのですが、ご検討は可能でしょうか？

POINT 「○○であれば、ゴーサインが出る！」と「契約に結びつきますよ！」という相手が一番欲しているゴールをえさに、条件を引き出します。

▶納期を早めてもらう

✖ あなたならできるでしょ。

⭕ 難しいとは思いますが、私も協力しますので……

実例 難しいとは思いますが、私もできる限りの協力をしますので、一緒に頑張りましょう！

POINT 「私も協力するから、一緒に頑張ろう！」と言われたら、なかなか断れないもの。相手の協力を得るポピュラーな伝え方です。

▶本当の納期を知りたい

✖ いつが納期なんですか？

⭕ 最悪、いつになりそうでしょうか？

実例 最悪、いつになりそうでしょうか？　こちらでも時間を短縮できるように準備をしておきますので。

POINT 「最終的な納期がわからないと、こちらも準備ができず、結果的にあなたに迷惑が掛かります」と、「持ちつ持たれつ」というニュアンスを伝えられます。

▶わからないことを教えてもらいたいとき

✖ 忘れちゃったんで、教えてもらえますか？

○ 失念してしまいましたもので……

実例 失念してしまいましたもので、新規事業の名称を再度教えていただけますか？

POINT 「失念」は誰しもあり得ることなので、文句を言われにくくすると同時に、「自分の恥をさらしてでも大事な情報だから！」と伝えることができます。

▶契約をしぶる相手にもうひと押し

✖ この商品はすごくよいんですが……

○ どういう点が
気がかりなんですか？

実例 もしよろしければ、気がかりな点を教えていただけますか？

POINT 「気がかりな点」とは、「決断に踏み切れない理由」のこと。これがわかれば、より効果的な伝え方ができます。

▶覚えておいてほしいとき

✖ 覚えておいてくださいね。

○ 頭の片隅に置いて
おいていただけると……

実例 今回の件、頭の片隅に置いておいていただけると次からのお話が早いと思います。

POINT 「次からの話が早い」＝「多少楽ができる」＝「負担感が軽減する」と思わせることで、結果的に相手も行動に移りやすくなる伝え方です。

Part 2 相手に感じよく伝わるモノの言い方／要求する

▶立場が上の人に意見する

✖ ちょっといいですか?

⭕ 僭越(せんえつ)ながら……

実例 僭越ながら個人的な意見を述べさせていただきます。

POINT 「僭越」＝「自分の立場や地位を超えてですぎたことをしているのは承知しております」が入ることで、強調や重要度を伝えることができます。

▶自分の意見を通す

✖ いや、それは無理だと思いますよ。

⭕ 基本的にはいいと思いますが、ここだけ……

実例 基本的にはいいと思いますが、ここだけ変えてみるのはどうでしょう?

POINT 「基本的にはOK!」と相手を認めた上で、「ここだけ」と「部分的な変更」を伝えて相手の負担感を減らすことで、その気にさせることができます。

▶相手に不都合な意見を通したい

✖ これもお願いしますよ。

⭕ 勝手ばかりで申し訳ありませんが……

実例 勝手ばかりで申し訳ありませんが、ご検討いただきたく思います。

POINT あくまでもこちらの都合であることは認めつつ、それでも相手に動いてもらいたいときに有効なフレーズです。

▶やむを得ないお願いをする

✖ なんとかお願いしますよ。

◯ こちらの立場をご理解ください。

実 例 弊社としてもギリギリのところでありまして、どうかこちらの立場をご理解ください。

POINT 今まで自分たちがかなり譲歩していたような場合に使うと、かなり効果的に伝わる表現になります。

▶どうしても承諾してもらいたい

✖ 何とかOKをいただけないですか？

◯ ここだけの話に してほしいのですが……

実 例 ここだけの話にしてほしいのですが、今回だけ試供品を倍の数、ご用意いたします。ですので、ぜひ今回のフェアの件、よろしくお願いします。

POINT 「ここだけの話ですが……」は、「あなただけは、特別ですよ！」と「特別・限定」感を強調することで、相手をその気にさせる伝え方です。

▶苦情を言う

✖ このクオリティじゃダメだよ。

◯ 今までの実績が あったからこそ……

実 例 どうしたんですが？　今までの実績があったからこそお願いしてきましたのに、これでは次に頼めなくなります。

POINT 「あなたらしくないですね」「信じられないレベル」と、仕事の内容について厳しい評価を伝えられます。

Part 2 相手に感じよく伝わるモノの言い方／要求する

SCENE 06 交渉する

相手の気持ちに配慮して丁寧に交渉すれば、お互いが納得できる結論を導き出すことができます。

▶もうひと押しする

✕ そこを何とかお願いします。

○ **身勝手なお願いではありますが……**

実例 身勝手なお願いではありますが、伏してお願いします。

POINT 「どうしてもここは譲ることはできない！」という自分自身の明確な考え方は、多少強めでも主張すべき。そのほうが相手に考えが伝わります。

▶相手の考えを引き出す

✕ 難しいということですね。

○ **どの部分を変えればご検討いただけそうでしょうか？**

実例 どの部分を変えればご検討いただけそうでしょうか？　例えば、納期についてはもう少し早めることも可能かもしれません。

POINT 「難しい」という漠然とした表現から、範囲を限定し、具体的な表現で、数値化や論理的な質問等を入れることで真意を引き出せます。

▶提案を否定されたとき❶

✖ いやー、無理ですかー。

○ 確かにそういう面もありますね。ただ……

実例 確かにそういう面もありますね。ただ、その分、広告効果があるとも考えられますよね。

POINT 否定されても、まずは相手の考えを「肯定できる心の余裕」が欲しいところ。相手を受け入れられれば、相手の受け入れ方も違ってきます。

▶提案を否定されたとき❷

✖ そこを何とか……

○ ○○ならできますか？

実例 全面展開は難しいとのことですが、各フロアのレジ前だけならできますか？

POINT 「これでだめならば、他の方法では？…」という、代案を示すことで可能性を追求することができます。

▶相手の考えに可能性を示す

✖ それ、いいですね！

○ それは検討の余地がありそうですね。

実例 それは検討の余地がありそうですね。来週までにそれぞれ調べてきましょう。

POINT 相手の自尊感情を守り、意欲を喚起して、希望を持たせ、可能性の幅を広げていきます。

Part 2 相手に感じよく伝わるモノの言い方／交渉する

▶相手の状況を心配する

✖ わかります。

◯ 重々お察しします。

実 例 苦しい状況、重々お察しします。

POINT 「察する」ということも、言葉に出さなければ伝わりません。また相手に見えない気持ちだからこそ、言葉にする必要があります。

▶心配していることに配慮する

✖ 後は任せてください。

◯ 心残りでしょうが……

実 例 心残りでしょうが、後は我々に任せてください。

POINT 相手の気持ちを先取りして表現してあげることで、相手に対して「共感」を伝えることができます。

▶相手の心配に配慮する

✖ きっと大丈夫ですよ。

◯ 心配な点は◯◯ではないですか?

実 例 心配な点はクオリティのほうではないですか?　それでしたらよい方法があります。

POINT 漠然と答えたほうがよい場合と、具体的に絞り込んで答えていく場合と、不安を軽減するか、安心を拡大するかを見極めましょう。

▶とりあえず進めたい

✖ もう進めませんか？

○ **懸念がないわけではありませんが……**

実例 懸念がないわけではありませんが、やってみましょう！

POINT 「心配する気持ちもわからないではないですが、案ずるより産むが易しということもありますよね？」と、行動を喚起する伝え方です。

▶反対意見を述べる

✖ 違いますよね。

○ **お言葉を返すようですが……**

実例 お言葉を返すようですが、私はB案のほうが妥当だと考えております。

POINT 相手があまり頑固で、頑なに自分の主張ばかりを一方的に通そうとするタイプであったならば、こちらも少し強く出る必要があります。

▶質問の形で反論をする

✖ それってどうなの？

○ **いくつかはっきりさせておきたい点があるのですが……**

実例 今後のためにいくつかはっきりさせておきたい点があるのですが、まず開始時期はいつ頃をお考えですか？

POINT 「質問」とは「質を問う」と書きます。あくまでも自分が話すのではなく、相手の口から言わせるような質問を考えるのがコツです。

Part 2 相手に感じよく伝わるモノの言い方／交渉する

▶いったん相手を受け入れてから主張する❶

✖ そうじゃないでしょう！

⭕ 大筋では そうかもしれませんが……

実例 大筋ではそうかもしれませんが、別の人の立場も考えてください。

POINT 「似て非なるもの」「総論賛成、各論反対」というニュアンスをスムーズに受け取らせる伝え方です。

▶いったん相手を受け入れてから主張する❷

✖ いや、それは違うと思うなぁ。だってさ……

⭕ おっしゃることはわかります。 ただ、

実例 おっしゃることはわかります。ただ、実際問題として集客力という課題が上がっているんですよ。

POINT 「おっしゃることはわかります！」＝「そのことは既に承知しております！」ということを伝えた上で、本論の重要性を理解させる伝え方です。

▶賛成できるところを先に言う

✖ それには反対です。

⭕ ○○には賛成ですが……

実例 旗艦店を作ることには賛成ですが、ラインアップに大きな差をつけることには反対です。

POINT 「全部反対というスタンスではないのでわかってくださいね」とワンクッション置いて考えさせるような伝え方です。

▶賛成しつつ、反論する

✖ いや、それは違いますよ。

◯ その言い分は ごもっともですが……

実例 その言い分はごもっともですが、在庫管理の点で問題があるかと思います。

POINT 「言いたいことはわかります！」としてから、「全部ではなくて……」と「段階的」に伝えているのがポイントです。

▶上司に反論したい

✖ いや、全然そうは思わないですけど！

◯ いくつか質問をしても よろしいでしょうか？

実例 ご指示の内容はわかりました。それを踏まえまして、いくつか質問をしてもよろしいでしょうか？

POINT 指示されるにあたって、様々な前提条件や重点項目などについては、十分承知していることを伝え、「その上で」と核心部分を確認するときの伝え方です。

▶言い訳をしたい

✖ 言い訳なんですけど……

◯ 大変申し上げにくいのですが、

実例 大変申し上げにくいのですが、締め切りが重なっておりまして遅れてしまいました。

POINT 「大変申し上げにくい」というフレーズによって、「十分納期は認識しています」「あってはいけないことですが……」と恐縮した姿が伝わります。

Part 2 相手に感じよく伝わるモノの言い方／交渉する

SCENE 07 納得させる

判断に必要な要素や結論に至った理由を具体的に示しましょう。

▶納得してもらう

✗ これで大丈夫ですか？

○ **納得していただけましたでしょうか？**

実例 システム変更していくということで、納得していただけましたでしょうか？

POINT 「○○していくということで……」と具体的にポイントを言葉に出して確認することで、相手の「納得」を得られる伝え方です。

▶頑張ると伝えつつ納得させる

✗ 頑張りますので……

○ **精一杯努力しますので……**

実例 精一杯努力しますので、ぜひお願いします。

POINT 心の底から望んでいるということをしっかりと相手に伝えておきたい場面。気持ちを込めて、態度や表情にもアクセントをつけて伝えましょう。

▶部下を担当から外す

✖ 君には無理みたいだな。

〇 君にプラスにならないから……

実例 この仕事は君にプラスにならないから担当から外れてもらうよ。

POINT 「君の実力が足りないから」という「相手批判」ではなく、「君にプラスにならない」と言うことで、受け入れやすくしているところがポイント。

▶プランを比較して納得させる

✖ A案のほうが絶対いいですよ！

〇 A案ならば、すぐにでも……

実例 A案ならば、すぐにでも発注できます。納期を優先するならA案がいいのではないでしょうか。

POINT 比較材料があると、違いが明確になり、選びやすくなります。「前提条件」を確認した上で「A案」と提案することで説得力が増します。

▶話を切り上げる

✖ そろそろ終わりにしませんか？

〇 次の予定がありますので……

実例 次の予定がありますので、そろそろ失礼します。

POINT 「本当はもっと居たいのですが……」「予定なら仕方ない！」というニュアンスを相手に伝えることができます。

Part 2 相手に感じよく伝わるモノの言い方／納得させる

85

▶納期の遅れを納得させる

✖ 遅れちゃってすいません。

**〇 今、この案件にすべての時間を
使っているのですが……**

実例 今、この案件にすべての時間を使っているのですが、間に合わず申し訳ありません！

POINT 「こちらも全精力を注いでこの案件に取り組んでいます！」ということを前面に打ち出して、謝罪の意図を強調する伝え方です。

▶部下を帰宅させる

✖ 早く帰ったほうがいいぞ！

**〇 今日は
疲れているみたいだし……**

実例 今日は疲れているみたいだし、もう帰りなさい。

POINT 上司の指示・命令は断れないものですが、単に「帰りなさい！」というのではなく、相手への労いを感じさせる言い方をするとよいでしょう。

▶部下に失敗を納得させる

✖ 今回はしょうがなかったですね。

〇 次のチャンスを待ちましょう！

実例 今回は残念な結果に終わりましたが、次のチャンスを待ちましょう！

POINT 「失敗をバネにして、挽回しよう！」という部下への期待と励ましの気持ちが含まれているので、部下も素直に受け入れられる伝え方です。

▶待ち時間を納得させる

✖ 少々お待ちください。

⭕ できたてを用意しますので……

実例 できたてを用意しますので、3分ほどお時間をください。

POINT 待たされる立場に立って、その理由を伝えるテクニック。「待つ甲斐ある！」と思わせるのがコツです。

▶譲歩して納得させる

✖ しょうがないので、○○しますよ。

⭕ せっかくのご縁ですので……

実例 せっかくのご縁ですので、今回はこの単価でやらせていただきます。

POINT 「あなたのためなら喜んで協力させてもらいますよ！」という「前向き」「積極的な姿勢」を相手に伝えることができます。

▶代替案で納得させる

✖ これでは難しいということですね。

⭕ 代わりといっては何ですが……

実例 代わりといっては何ですが、代替案を用意してきました。

POINT 「目的は変わらず、アプローチを少し変化させた代替案をお持ちしましたので、きっとお喜びいただけると思います！」と自信を持って伝えます。

Part 2 相手に感じよく伝わるモノの言い方／納得させる

▶自分ひとりの判断では、答えられないことを納得してもらう

✖ 多分、大丈夫だと思いますよ。

**〇 私ひとりでは
わかりかねますので……**

実例 恐れ入りますが、私ひとりではわかりかねますので、上の者に確認させていただきます。

POINT 会社対会社なので、勝手な判断で決めることはできません。相手をしっかりと認めているからこそ、組織として対応する姿勢を示しましょう。

▶忙しいので後回しにする

✖ 忙しいので……

**〇 後ほどじっくり検討を
させていただきますので、**

実例 今、取り込んでいるため、後ほどじっくり検討をさせていただき、あらためてご連絡申し上げます。

POINT 「後回し」というイメージを与えないような工夫が必要。「じっくりと」という表現で、「大切に考えている」ということを相手に伝えることもできます。

▶見方を変える

✖ それはしょうがないですよ。

**〇 ちょっと違う角度から
見ると……**

実例 それをちょっと違う角度から見ると、変わらないかな？

POINT 物事や人物や現象というものは、「見る人間の見方ひとつ」で決まってしまいますが、逆に言えば、いろいろな見方ができるということです。

▶初めての仕事相手に面会を求める

✖ 一度会って話しませんか？

◯ 初めてのお仕事ですので、一度お会いして……

実 例 初めてのお仕事ですので、一度お会いしてお話しさせていただけませんか？

POINT 「話す・聞く」というコミュニケーションを活発化するための効果的な方法である「対面」を提案する言い方です。

▶担当者を変えることを納得してもらう

✖ 次回から別の者が担当します。

◯ この案件に最適な者が見つかりましたので……

実 例 この案件に最適な者が見つかりましたので、次回からミーティングに同席させます。

POINT 担当者を変えると、マイナスに捉えられてしまうこともあるので、「理由」を明確に、段階的に変えるのがコツです。

▶担当者となることを納得してもらう

✖ やらせてください。

◯ 私でよければ協力させてください。

実 例 このたびのご依頼の件、私でよければ協力させてください。

POINT 「差し支えなければ……」と「謙遜」する言い方。「私でなければできない！」「私以外に誰がいる！」では、相手が引いてしまいます。

Part 2 相手に感じよく伝わるモノの言い方／納得させる

Part 3

さりげなく主張して

相手を気持ちよく
動かすモノの言い方

● 無理なお願いをする ➡ P.92 ● ほめる ➡ P.116

● 説明・報告する ➡ P.100 ● 誘う ➡ P.122

● 提案する ➡ P.108

×
すごく上手ですね。

○
玄人顔負けの
腕前ですね。

×
ちょっと大変だけど
お願いします！

○
ぜひ力を発揮して
ほしいんです！

何かをお願いする、説明する、提案するとき、ひとりよがりな言い方では相手には伝わりません。自分の意見を伝えるためには、まずは聞き役に回って、自分と相手との違いを受け入れることが必要です。自分の主張を相手に受け入れられる大人の言い方を身につけましょう。

SCENE 01　無理なお願いをする

自分の意図や
相手にお願いしたいことを
わかりやすく、具体的に
伝えましょう。

▶相手を信用してお願いする

✘ ○○さん、ちょっといいですか？

○ **折り入って
ご相談がありまして……**

実例　折り入ってご相談がありまして、動きが止まっている新システム開発の件、ご助力いただけないでしょうか？

POINT　深く心を込めて「他でもない○○さんだからこそ！」と、相手の価値を認めた表現を使うことで、相手をその気にさせ自発意思を喚起できます。

▶遠回しにお願いする❶

✘ ○○してもらえるとうれしいんだけど……

○ **○○していただけると、
ありがたいのですが……**

実例　先方に取り次いでいただけると、ありがたいのですが……

POINT　「あなたの気持ちや立場もわかるのですが……」と言うことを前提で、その上でこちらの要望を伝えられます。

▶遠回しにお願いする❷

✖ 考えてもらえます?

⭕ ご一考いただけると……

実例 お見積もりの件、ご一考いただけると、ありがたいのですが……

POINT 「ご一考いただけるとありがたい」と、かなり自分をへりくだって、相手を立てているので、依頼された側からすれば、少し断りにくくなります。

▶参加してもらいたい❶

✖ 忙しいだろうけど出てもらえる?

⭕ アイディアがほしいので……

実例 ○○さんのアイディアがほしいので、参加していただけますか?

POINT 「あなたのアイディアがほしい!」という表現の仕方によって、結果として「参加する」という行動に駆り立てる効果があります。

▶参加してもらいたい❷

✖ ちょっと出てもらえますか?

⭕ みなさん喜ばれると思いますよ。

実例 ○○さんに参加していただけると、みなさん喜ばれると思いますよ。

POINT 「周囲のみんながあなたの参加を心待ちにしていますよ!」と言うことで、相手に直接ではなく、周囲に視点を当てたアプローチができます。

Part 3 相手を気持ちよく動かすモノの言い方／無理なお願いをする

93

▶納期を延ばしてもらいたい❶

✖ ○○までは無理なので……

⭕ クオリティを上げたいので……

実例 クオリティを上げたいので、納期を延ばしていただけますか?

POINT 「納期」ということではなく「クオリティ」という点に焦点を合わせることで、自分の要望がかなう方向へと上手に導けます。

▶納期を延ばしてもらいたい❷

✖ 1週間、納期を延ばしてもらえますか?

⭕ 最新のデータを盛り込みたいので……

実例 最新のデータを盛り込みたいので、納期を延ばしていただけますか?

POINT 情報時代において「情報の新しさ」は武器になります。作り手としても最新情報を盛り込んだ状態の方を望むので、目指す方向が一致します。

▶特定の相手にお願いする❶

✖ ○○さん、お願いできます?

⭕ 他ならぬ○○さんに……

実例 他ならぬ○○さんにお願いしたいのです。

POINT 「他の誰でもない」「他ならぬあなたに!」というメッセージが、確実に特定の相手である「あなた」に対して届けられます。

▶特定の相手にお願いする❷

✖ ○○さん、手が空いてるでしょ？

⭕ ○○さんは、この分野がお得意ですよね。

実例 ○○さんは、法律の分野がお得意でしたよね。

POINT 「得意分野なので、断る理由はないはずですよね！」という依頼の意図や理由が明確に伝えられます。

▶難しいことをお願いする❶

✖ ○○してもらうことは難しいですか？

⭕ 誠に厚かましいお願いですが……

実例 誠に厚かましいお願いですが、ご協力いただけないでしょうか？

POINT 「厚かましいことは、十分認識しております」というメッセージを伝えることで「あなたのお気持ちはわかっています」と相手への理解を示せます。

▶難しいことをお願いする❷

✖ ○○は厳しいですか？

⭕ ○○さんであれば可能だと思いまして……

実例 難しいとは思ったのですが、○○さんであれば可能だと思いまして。お願いできますか？

POINT 一般的には「難しい案件」なのですが、「他ならぬ○○さん、特別なあなただからこそ！」という気持ちが伝えられます。

Part 3　相手を気持ちよく動かすモノの言い方／無理なお願いをする

▶ できればお願いしたい

✖ 可能ならお願いします。

⭕ 差し支えなければお願いします。

実 例 難しいかもしれませんが、差し支えなければよろしくお願いします。

POINT 「いろいろとスケジュールやご都合がおありだと思いますが……」と恐縮した気持ちを伝えることができます。

▶ 相手の負担感を減らす❶

✖ 10件分お願いできますか？

⭕ 全部ではなく、一部だけでもお願いできませんか？

実 例 全部で100件あるのですが、そのうち10件分だけでもお願いできませんか？

POINT 「100件の内、10件」即ち「ほんの」「一部」「10分の1」「10％」「1割」という表現によって、相手の負担感を減らし、NOと言いにくい状況に持ち込めます。

▶ 相手の負担感を減らす❷

✖ 全部お願いできますか？

⭕ どのくらいだったら、お願いできますか？

実 例 全部で50件ありますが、どのくらいでしたら、お願いできますか？

POINT 「たった10分の1」とこちらが考えても、相手が同じように解釈するとは限りません。「あなたの好きなように」という、相手を尊重する伝え方です。

▶たくさんの人に協力してもらいたい

✖ みんなでがんばりましょう!

○ みなさんのご協力なくしては実現できません。

実例 私ひとりでは非常に難しい問題ですので、やはりみなさんのご協力なくしては実現ができません。

POINT 「ひとりでできる範囲などは決まってくる」という周知の事実を元に、「皆さんもご存じの通り」という意味合いを伝えて、協力を要請できます。

▶仕事の質を上げてもらう

✖ もっと張り切ってやってよ!

○ 期待していますよ。

実例 では、さきほどの件、修正をお願いします。○○さんには、期待していますよ。きっとうまくいきますよ。

POINT 「自分を認めてもらう」という人間の基本欲求を満たし、意欲を喚起することで、さらに質のよいものを目指す伝え方です。

▶どんどん意見を言ってもらいたい

✖ 何か意見はありますか?

○ すべてのアイディアをテーブルに乗せたいので……

実例 すべてのアイディアをテーブルに乗せたいので、お考えをお聞かせくださいますか?

POINT 「あとはこの情報を元に、さらに発展させ、掘り下げてよいアイディアを出してください」と伝えることができます。

Part 3 相手を気持ちよく動かすモノの言い方／無理なお願いをする

▶相手の負担になることをお願いしたい

✕ ちょっと大変だけどお願いします。

○ ぜひ力を発揮してほしい……

実例 ○○さんのような経験を持った方に、ぜひ力を発揮してほしいんです！

POINT 「あなたに負担をかけるのは、十分承知の上です！」という強い意志を伝えることができます。

▶無理そうなお願いを別のお願いにすり替える

✕ ○○は無理なので、△△をやってもらえません？

○ ○○は現実的ではないので……

実例 A案はコスト面からもは現実的ではないので、代替案としてB案をやってくださいますか？

POINT 打診しながら、相手の状況や様子を観察し判断して、「無理」と判断したときに、代替案を示すことで、「実行したい！」という強い意志を伝えられます。

▶大抜擢の仕事をお願いする

✕ ○○さんに△△をお願いできるかな？

○ ○○さんの経験を大いに活かせ、後に役立ちますので……

実例 ○○さんの経験を大いに活かせ、後に役立ちますので、今回のプロジェクトリーダーをお願いできますか？

POINT 「一石二鳥で、双方共にメリットがある話ですよ！」と「メリット」を強調することで、相手の負担感を軽減することができます。

▶残業をお願いする

✖ 残業よろしく！

○ ○○さんがいると早く終わるから……

実 例 ○○さんがいると早く終わるから、今日、残業お願いできないかな？

POINT 単に「残業してほしい！」というニュアンスとは全く異なり、「あなたを頼りにしている」という気持ちがよりよく伝えられます。

▶取引先にクレームや要求をする

✖ 今回の○○はダメですよ！

○ 次回からはこうしていただいたほうがいいですね。

実 例 次回からはこうしていただいたほうがいいですね。そうすればもっといいものになりますよ。

POINT 「○○がよくない」という否定的な表現ではなく、「こうすれば、もっとよくなる」という次回に向けて希望が持てる肯定的な表現のほうが効果的。

▶意見を言ってもらいたい

✖ 何か意見はありますか？

○ ざっくばらんなご意見を……

実 例 みなさんのざっくばらんなご意見をお聞かせくださいますか？

POINT 「飾らなくていいんです！」「構えなくていいんです！」と、相手の不安な気持ちを解消し、オープンで気軽な気持ちを聞きたいということを伝えます。

Part 3 相手を気持ちよく動かすモノの言い方／無理なお願いをする

SCENE 02 説明・報告する

相手がきちんと自分の話を理解できているかを十分に確かめながら、しっかりと丁寧に説明を進めましょう。

▶これから説明することを伝える

✗ これなんですけど……（いきなり用件を話し始める）

○ ○○の件で、3分お時間よろしいでしょうか？

実例 A社プレゼンの件で、3分お時間よろしいでしょうか？　まず先方から返答がありまして……

POINT 「これから○○の件を説明しますよ！」と「話の予告」をすることで、相手の「聞く態勢」が整うので、こちらの言いたいことがよりよく伝わります。

▶説明したことを確認する

✗ 説明は以上で終わります。

○ ご不明な点はありますか？

実例 説明は以上ですが、ご不明な点はありますか？

POINT 説明は"質問"によって完結します。聞き手の理解度や関心事はみな異なるので、正確に伝えるためにも質問・確認は不可欠です。

▶短く説明する

✖ 簡単に説明しますね。

⭕ 手短に説明すると……

実 例 手短に説明すると、現状の企画では不採用ということになります。

POINT 説明のあるべき姿は、「シンプル・イズ・ベスト」。ある程度の説明を行った後は、「簡潔に」表現することで、情報共有・理解促進につながります。

▶当たり前のことをあらためて説明する

✖ 当然ですけど……

⭕ みなさんご存じかと思いますが……

実 例 みなさんご存じかと思いますが、18日だけイベントホールが使えません。

POINT 逆に「ご存じないと思いますが……」と伝えると、すでに知っている人の反発を招き、その後の説明を聞いてもらえず「伝わらない説明」になります。

▶苦しい状況をわかってもらう

✖ こういう状況ですので……

⭕ 事情をお察しいただければ……

実 例 心苦しく思っておりますが、どうか事情をお察しください。

POINT 「あなたの気持ちもわかりますが……」「こちらの気持ちも察してほしい」という「微妙な立場や思い」というニュアンスを伝えることができます。

Part 3 相手を気持ちよく動かすモノの言い方／説明・報告する

▶確定事項ではないと伝える

✖ まあ、どうなるかわからないですけど……

〇 お含み置きください。

実例 大まかにはこれで問題ないかと思いますが、船便のため納品時期が不確定という点はお含み置きください。

POINT 常にビジネスでは、万が一、念のためという点を考え、「完璧とは申せませんので、○○という可能性も予めご了承ください」という細かな感情を伝えている。

▶苦境を説明する

✖ 事情をわかっていただければ……

〇 お汲み取りください。

実例 弊社の事情をお汲み取りくださいますと幸いです。

POINT 「なかなか公に、言葉に出して言いにくいこともありますので、ご理解ください」という苦しい気持ちの状況や背景を伝えることができます。

▶難しい箇所を掘り下げて説明する

✖ ○○が難しいので、よく勉強しておいてください。

〇 もう少しかみ砕いて説明します。

実例 用地買収がこの計画の中で最も難しいところなので、もう少しかみ砕いて再度説明します。

POINT 説明の中でも特に重要だったり、難しい箇所については、よりかみ砕いた表現を使ったり、掘り下げて考えることで、より理解度を高められます。

▶できない理由を説明する

✖ ちょっと無理ですね。

◯ 年末で人手が足りないため……

実例 非常にありがたいお話なのですが、年末で人手が足りないため、今回は見送らせてください。

POINT 「なぜできないのか?」という「相手が知りたい箇所に焦点を合わせ、相手の納得を得る」という説明の基本が求められる伝え方です。

▶納期を説明する

✖ ◯日までにお願いしますね。

**◯ ◯◯の工程が
その後に続きますので……**

実例 加工とパッケージの工程がその後に続きますので、18日15時までの納品をどうかお願いします。

POINT 「なぜその "納期" なのか?」という相手の知りたい点に応え、時に、前後の工程や関係を説明することで、相手の理解度を促進させられます。

▶復習をしてもらう

✖ じゃあ、後でもう一度確認しておいてくださいね。

**◯ 自分でも説明できるように
復習しておいてください。**

実例 説明は以上ですが、非常に重要な事項ですので、自分でも他の誰かに説明できるよう、必ず復習をしておいてください。

POINT 「自分でも他の誰かに説明できるように……」と説明することで、復習の必要性を気づかせる伝え方です。

Part 3　相手を気持ちよく動かすモノの言い方／説明・報告する

▶別の立場から説明する

✖ うちは、これをやっておけば大丈夫だよ。

◯ 相手側から考えると……

実例 相手側から考えると、デザインがポイントになってくると思います。

POINT 「どの立場から考えるか？」によって、説明内容の理解度も全く異なるので、立場を変えると理解を促進することができます。

▶先方の反応を報告する

✖ いい感じでした。

◯ もう一歩で了解をいただけそうでした。

実例 もう一歩で了解をいただけそうでした。具体的には、見積もり金額の金型代の部分で再検討してほしいとのことでした。

POINT 「いい感じ」という表現では、「抽象的、一方的」になってしまい、相手に伝わりません。具体性を持たせることで、より相手に伝わる表現に。

▶簡潔に報告する

✖ まず、○○が決まって、次に……

◯ 報告が3つあります。

実例 輸入トラブルの件で報告が3つあります。第一に……。第二に……。第三に……。

POINT 報告とは相手に「知らせること」です。ビジネス上では、「結論から先に」「簡潔に」という点が、相手に正確に伝えるためのポイントになります。

▶進行中であることを報告する

✖ やっている途中です。

⭕ 鋭意執り行っております。

実例 開店準備の件ですが、鋭意執り行っております。

POINT 「今の状況は、よく理解しております。現在進行中ですが、ご心配なさらなくても大丈夫です！」と相手に安心感を与える伝え方です。

▶間違えやすいことを連絡する

✖ これは大事なことなので……

⭕ これだけは間違えないでほしいのですが……

実例 これだけは間違えないでほしいのですが、集合場所は西口ではなく、東口です。

POINT 「勘違い」「思い込み」は、説明につきもの。とくに「間違いやすい箇所」の中でも「重要な情報」は、再確認が不可欠です。

▶念押しで連絡する

✖ 前にもメールしましたが……

⭕ 何度も申し訳ありませんが、念のため……

実例 何度も申し訳ありませんが、念のため明日の打ち合わせの時間を確認させてください。

POINT 「念押し」「親切丁寧」という印象を相手に与えることができると同時に「私はくどいくらいに伝えましたよ」という事実を伝えることができます。

Part 3 相手を気持ちよく動かすモノの言い方／説明・報告する

▶融通の利かない上司に説明する

✖ みなさん、このようにやってるみたいです。

○ 他の部署でも前例があり……

実例　他の部署でも前例があり、高く評価されています。

POINT　「前例踏襲」「危ない橋は渡らない」というタイプの上司には、相手が抱く不安材料や状況を払拭するような伝え方が効果的です。

▶説明した内容が伝わっているかを確認する

✖ わからないことがあったら連絡ください。

○ ○○の場合はどうなりますか？

実例　これまでの説明に照らすと、雨天の場合はどうすべきですか？

POINT　「基本的なことに関する説明」が終わった後、「理解度テスト」のようなものを出すことによって、相手の理解を確認・促進できます。

▶説明の内容を整理する

✖ 大体わかりますよね？

○ これまでの説明のポイントは……

実例　では、これまでの説明のポイントを再確認させていただきますね。

POINT　ここまで説明した中でのポイントを確認することで、相手の理解度も同時に再確認できるので、話し手・聞き手の双方にメリットがある伝え方です。

▶独自の意見を説明する

✖ わかってもらえると思いますが……

⭕ 見解が割れるところかもしれませんが……

実例 これについては見解が割れるところかもしれませんが、カラフルな色彩のB案がよいと考えています。

POINT 「いろいろな見方や考え方が成り立つということは、十分理解しております！」、すなわち「わかっていますよ」という状態が相手に伝わります。

▶説明に誤解がないかを確認する

✖ ○○はわかってますか？

⭕ 共有していただいていますか？

実例 ○○の場合は△△となりますが、この認識は共有していただいていますか？

POINT 「重要なポイント」を共有することで、「理解度」を確認しながら、相手に「正確に」伝えることができます。

▶仕事を進める前に報告する

✖ あれ、進めても大丈夫ですよね。

⭕ ○○の件、本日から進めてもよろしいでしょうか？

実例 昨日もご報告させていただきましたが、シンポジウムの件、本日から進めてもよろしいでしょうか？

POINT 「区切り」や「重点ポイント」などに入る前に、一旦立ち止まって、上司に確認するとメリハリができて、よいスタートができる伝え方になります。

Part 3 相手を気持ちよく動かすモノの言い方／説明・報告する

SCENE 03 提案する

ポイントについて
3つ申し上げます

ほう

一方的に話すのではなく
相手の気持ちに寄り添う
伝え方をすれば、
より魅力的な提案になります。

▶企画を提案する❶

✕ 今回も聞いてください。

**○ いつも○○して
いただけるのでありがたいです。**

実 例 いつも真剣に聞いていただけるのでとてもありがたいです。

POINT 「いつもありがとうございます」というフレーズは日常のコミュニケーションができていることがベース。提案の強みになります。

▶企画を提案する❷

✕ 企画、持ってきましたよ。

**○ 前回の○○様の
お話をヒントに……**

実 例 前回の○○様のお話がおもしろかったので、それをヒントに企画を練りました！

POINT 提案する相手の「前回の話」をベースにしているところがポイント。プレゼンは「提案型説得」なので、相手に受け入れてもらう工夫が不可欠。

▶別の方法を提案する

✖ ちょっとやり方を変えたほうがいいですね。

○ 別の見方をすると、

実 例 別の見方をすると、レジ前フェアのほうがよさそうですね。

POINT 物事や提案内容等は、見る人の立場や価値観によって、見方が大きく変わる場合があります。現状を否定しないのがコツ。

▶できる方法を考える❶

✖ 絶対○○に決まってますよね。

○ ○○と考えたらできますか？

実 例 全員を相手にするのではなく、ひとりを相手にすると考えたらできますか？

POINT 「視点」を少し変えることにより、相手の「負担感の軽減」をさせます。方法を限定するのではなく、提案型の伝え方にすることを心がけましょう。

▶できる方法を考える❷

✖ ○○は変更できないので……

○ 決まったわけではないので……

実 例 予算が足りないと決まったわけではありませんので、できる方法を考えてまいりましょう。

POINT 「他にも方法はいくらでもあります」というニュアンスを与えることで、相手に安心感を与え、行動を喚起することができます。

Part 3 相手を気持ちよく動かすモノの言い方／提案する

▶提案の導入

✖ ご提案よろしいですか？

◯ 今回は◯◯店で 好評を得ている……

実例 今回は大阪本店で好評を得ているフェアのお話を持ってまいりました。

POINT 「いつも同じ提案ではないですよ！」「いつもお客様のことを第一に考えて提案しているのですよ！」という気持ちを伝えることができます。

▶短時間で提案する

✖ すぐ終わりますので……

◯ 今、◯分ほど お時間をいただけますか？

実例 恐れ入りますが、今、5分ほどお時間をいただけますか？

POINT 「短時間でお伝えします」「十分準備してあります」というイメージを相手に伝えることができます。事前にきちんと準備をしておきましょう。

▶提案のポイントをまとめる❶

✖ 大体おわかりですよね？

◯ 今回の提案のポイントは……

実例 つまり、今回の提案のポイントはホームページとの連動を高めるということになります。

POINT 「どこが提案のポイントなのか」を確認すると同時に、相手にしっかりと伝えることができるので、一石二鳥です。

▶提案のポイントをまとめる❷

✖ 企画書にすべて書いてありますので。

⭕ 提案のポイントについて、3つ申し上げます。

実 例 多少複雑かと思いますがおわかりになりましたか？　では、あらためて提案のポイントについて、3つ申し上げます。

POINT 提案が多少複雑な場合は、区切りのよいところで提案のポイントを繰り返したり、集約したりすると印象に残りやすくなります。

▶初対面の相手への提案前に緊張をほぐす❶

✖ 今日はお時間をいただきまして……

⭕ 過ごしやすいお部屋ですね！

実 例 過ごしやすいお部屋ですね！　いつもこちらで打ち合わせされるんですか？

POINT これから提案を行うその「場」や「時」「人」の情報を上手に使って話題を広げ、さらに、提案内容とリンクさせられればベストです。

▶初対面の相手への提案前に緊張をほぐす❷

✖ 早速ですが、お話を始めます。

⭕ この肩書はどのような立場なんですか？

実 例 この肩書はどのような立場なんですか？　弊社にはこういう名称のポストがないもので……。

POINT 名刺1枚でも、社名の由来やロゴマークの意味、部署名や役職名など、相手サイドの情報を知るためのヒントがたくさん隠されています。

Part 3　相手を気持ちよく動かすモノの言い方／提案する

▶あいさつをしたいとき

✖ 先にあいさつ、よろしいですか?

◯ 一度お目にかかりたいと思っておりました。

実例 一度お目にかかりたいと思っておりました。弊社の○○が△△様にいつもお世話になっております。

POINT 日頃からの感謝の気持ちを表すフレーズ。「一度お目にかかりたいと思っていた」という言葉が初対面を効果的に演出してくれます。

▶難しい提案をする

✖ ちょっと難しいですかね?

◯ 経験豊富な○○さんに……

実例 経験豊富な○○さんだからこそ、今回のような提案をさせていただきました。

POINT 「経験豊富な」という表現によって、「他の人とは違う!」という相手の自尊感情を守る言い方で、自分の提案も有利な方向へ持っていけます。

▶提案のよさを伝える

✖ ○○はよいと思うんですけどね。

◯ ○○というメリットがあります。

実例 今回の提案には、集客力が圧倒的に増えるというメリットがあります。

POINT 「メリットの強調」は、提案には不可欠です。「他社にない」「オンリーワンの……」などの強調の仕方がベター。

▶特別な提案をする

✖ ちょっと考えたんですけど……

⭕ ここだけの話ですが……

実例 ここだけの話ですが、特別単価で結構ですので、全店フェアをさせていただけませんか？

POINT 「for you」あるいは、「only you」という特別感がポイントです。あなたのためのオリジナルという印象を、さりげなく伝えられます。

▶代替案を伝える

✖ 代わりにちょっと考えてみたんですが……

⭕ 最善の方法では ないかもしれませんが……

実例 最善の方法ではないかもしれませんが、いかがですか？

POINT 「あなたのために様々なケースを見込んで、様々な方法を考えています」ということが伝わり、選択の幅の広さも伝えることができます。

▶前例を踏襲した案を出す

✖ 前と一緒でいいですかね？

⭕ 前回同様を基本に 検討していければ……

実例 前回同様を基本に検討していければ、スムーズに進行できると思います。

POINT 前回が非常に評判もよく、自分たちのスタイルにも合っていたとしたならば、前例踏襲であっても、十分に価値があり、伝わりやすくなります。

Part 3 相手を気持ちよく動かすモノの言い方／提案する

▶これまでの流れを伝える

✖ 前回のお話を踏まえて……

⭕ 前回は◯◯について決めたので今回は◯◯について……

実例　前回はターゲットについて決めたので、今回は販売戦略についてアイディアを出していきましょう。

POINT　継続的な話し合いの場合は、「話の流れやポイント」が明確になっているので、次の会合で、続きからスムーズに伝えていくことができます。

▶上司に提案する

✖ こっちのほうをやりたいです！

⭕ こちらのほうが現場のニーズに近いので……

実例　こちらのほうが現場のニーズに近いので売り上げが見込めると思いますが、いかがでしょうか。

POINT　現場のニーズを中心に考えておけば、上司との意見の対立や反発も免れることができます。

▶部下に提案させる

✖ ちょっと、考えておいてよ。

⭕ どうしたらいいと思う？

実例　この件をスムーズに進行させるためには、どうしたらいいと思う？

POINT　「どうしたらいいと思う？」という、部下に対して「アドバイスや意見を求める」ようなアプローチは自発性を高めるのに非常に有効な伝え方です。

▶提案を具体的にイメージさせる❶

✖ わからなかったら、ネットで調べてください。

◯ 身の回りのことで たとえると……

実 例 身の回りのことでたとえると、自動車のブレーキアシストのようなサービスとなります。

POINT 身近な具体例を挙げることは、相手の理解を共有・促進する非常に有効な方法のひとつです。

▶提案を具体的にイメージさせる❷

✖ 似た感じの案件がありましたよね。

◯ 前回の提案を 進化させたものと……

実 例 前回の提案を進化させたものとお考えくださいますと、わかりやすいかもしれません。

POINT 「前回の提案」など、そこにいる全員が「共通の認識」として持っている情報を活用すれば、大勢の相手の合意を形成することができます。

▶重要な点を強調する

✖ ここが重要です。

◯ 重要なところなので、 もう一度言います。

実 例 重要なところなので、もう一度言います。価格は従来の20%OFFです。

POINT 重要な点を強調するための、最もスタンダードな方法が「反復」「繰り返し」です。「一度で伝わるハズ」とは考えないこと。

Part 3 相手を気持ちよく動かすモノの言い方／提案する

SCENE 04 ほめる

相手のよいところを上手にほめれば、ビジネスがスムーズに進むだけでなく、豊かな人間関係が築けます。

▶仕事をほめる

✕ ○○さんなら当然ですよね。

◯ **○○さんだからできる仕事ですね！**

実例 ○○さんだからできる仕事ですね！ 私だったら絶対に失敗していましたよ。

POINT 「○○さんだからこそできる仕事」と伝えることで、「他の人ではそう簡単にはできない」「私にはとてもできない」と相手を立てる伝え方です。

▶仕事の成果を讃える

✕ よかったですね！

◯ **要因は何だと思われますか？**

実例 この成果の要因は何だと思われますか？

POINT 「素晴らしい成果を挙げましたね！」と事実を確認したところで、「その素晴らしい成果を挙げた一番の原因をぜひ聞きたい！」と伝えます。

▶仕事の丁寧さをほめる

✖ ○○さんって細かいですよね。

○ **○○さんが作った資料は読みやすいですね。**

実例 ○○さんが作った資料は、項目がわかりやすくて読みやすいですね。

POINT 「丁寧な仕事ですね」だけだと、相手は「どこが?」と疑問に思い、伝わりにくくなります。具体的に表現すればより伝わりやすくなります。

▶成果を得られたとき

✖ すごいですね。

○ **想像を超える成果です。**

実例 ○○さんのおかげで、想像を超える成果が得られました。

POINT 「想像もできなかったくらい、素晴らしい成果が得られました!」「しかもあなたのおかげです!」とあらためて強調する伝え方です。

▶ほめられたとき

✖ いやー、そんなことないですよ。

○ **ほめ上手ですね。**

実例 ほめ上手ですね。次もほめてもらえるように頑張りますね!

POINT 「相手のほめ方について称賛している」と同時に、「自分も次はほめてもらうように頑張ります!」と素直に伝えているところがポイントです。

Part 3 相手を気持ちよく動かすモノの言い方／ほめる

▶仕事の準備をほめる

✖ 準備いいですね。

◯ 段取り上手ですね。

実 例 ○○さんは段取り上手ですね。次回からはすっかりお任せできそうです。

POINT 「段取り上手」という「現状の事実」をしっかりとほめるだけでなく「次回からはお任せ」
と次につなげられます。ただし、押しつけにならないように注意。

▶上司にほめられた

✖ ありがとうございます。

◯ ○○部長のご指示があったからこそです。

実 例 ○○部長のご指示があったからこそです。今後もご指導よろしくお願いします！

POINT 上司にほめられたときに、「○○部長のご指示があったからです！」とすぐに上司を立て
ると効果的です。

▶深い知識を持っている人に

✖ 詳しいんですね。

◯ ○○さんにはかないませんね！

実 例 歴史のことを語らせたら、○○さんにはかないませんね！

POINT 「歴史に関しては……」と限定することで、相手の納得が得やすい伝え方。「かないません！」
とへりくだることで、相手をよい気分にさせられます。

▶着眼力のすごさをほめる

✖ 気づきましたか！

⭕ 目のつけどころが違いますね。

実例 そこを重点的にご覧くださいましたか！　さすが、目のつけどころが違いますね。

POINT 「どこに目をつけるか」でその人の知識や経験がわかります。「そこですか！　さすが！」と持ち上げることで、相手を喜ばせられます。

▶気が利く人に

✖ 優しいですね。

⭕ そこまで気が回らないですよね。

実例 普通はそこまで気が回らないですよね。助かります！

POINT 「普通はそこまで気が回らない」と言うことで、「あなたの気の回しようは普通じゃない」「あなたは別格だ」と特別視していることを伝えています。

▶ミスや急な変更に動じない人に

✖ どっしり構えてますね。

⭕ 柔軟性がうらやましいですね。

実例 急な変更でも全然動じないなんて、その柔軟性がうらやましいですね。

POINT 「急な変更があったにもかかわらず、動じない人」と表現した上で、さらに「柔軟性」の持ち主ということを伝えるのがポイント。

Part 3　相手を気持ちよく動かすモノの言い方／ほめる

▶指名で仕事をもらった

✖ 私でいいんですか?

⭕ ○○さんとお仕事できて
光栄です。

実例 私も○○さんとお仕事できて光栄です。精一杯頑張ります!

POINT 「指名で仕事をもらう」ことは「パートナーとして働く」という意味。「光栄」と伝えることで、自分自身にも意欲を喚起できる伝え方です。

▶ラッキーが多い

✖ ラッキーですよね。

⭕ 日頃の行いがいいと
結果も出てくるんですね。

実例 そんなに幸運が続くなんて、日頃の行いがいいと結果も出てくるんですね。

POINT 「幸運が続く」ということと「日頃の行いがよい」という「結果」と「原因」とがセットになっていると、伝わりやすくなります。

▶急な来客にすぐにお茶をいれてくれた

✖ あ、ありがとう。

⭕ ○○さんほど
気が利く人はいないですよ。

実例 いつもありがとう。○○さんほど気が利く人はいないですよ。

POINT 「誰も他に気づく人がいない」「急な来客なのにすごい」という気持ちが伝わるので、ほめられるほうもやりがいと満足感が味わえる伝え方です。

▶趣味の話を聞いたとき

✖ へぇー、すごいですね。

○ 奥が深いんですね。

実例 ゴルフって奥が深いんですね。そこまでとは知りませんでした。

POINT 「知りませんでした！」は、「あなたは知っていてすごい！」「その知り方も深い！」ということをへりくだりながら、率直に伝えられる表現です。

▶趣味の腕前をほめる

✖ すごく上手ですね！

○ 玄人顔負けの腕前ですね。

実例 玄人顔負けの腕前ですね。長く続けていらっしゃるんですか？

POINT 「玄人顔負けの腕前」即ち「プロ顔負け」と言うことで、「最高レベルの腕前」と称賛していることを伝えられます。言うほうも玄人肌だとよいです。

▶先回りして仕事を進めてくれた

✖ そこまでやっちゃった？

○ 一を聞いて十を知るとはこのことだね。

実例 ここまでやってくれたか！　一を聞いて十を知るとはこのことだね。ありがとう。

POINT 「一を聞いて十を知る」ということわざを使うことで「人の十倍気が利くね！」という気持ちを、さりげなく効果的に伝えられます。

Part 3　相手を気持ちよく動かすモノの言い方／ほめる

SCENE 05 誘う

魅力を伝える、
相手に選ばせる、
ストレートに気持ちを伝えるなど、
誘い方にバリエーションを。

▶食事に誘う

✖ ご飯に行きましょう！

◯ **雑誌で紹介された◯◯行ったことある？**

実例 この前雑誌で紹介された恵比寿のタイ料理屋さん行ったことある？ おいしいからぜひ行かない？

POINT 「この前」で「最新情報」、「雑誌に載っていた」で「信頼できる、外れがない、おいしい」という意味を伝えることができます。

▶デートに誘う❶

✖ 一度、ご飯に行きませんか？

◯ **おいしい熟成肉のお店を知っているので……**

実例 おいしい熟成肉のお店を知っているので、行ってみませんか？

POINT 「熟成肉」ということで「一風変わった、最近注目の、流行っている」という興味を抱かせ、その気にさせやすくなります。

▶デートに誘う❷

✖ パスタを食べに行きましょう！

〇 ○○と△△、どっちがいい？

実 例 新橋の「俺のイタリアン」のパスタと、東中野の「ピッツェリーナ」のピザ、どっちがいい？

POINT 「場所や店名」を具体的に出して、しかも比較することで、「選択肢」を設け、相手に選びやすくして、行動しやすくする伝え方です。

▶デートに誘う❸

✖ 一度、ご飯に行きませんか？

〇 1日限定5食のスイーツおごるよ。

実 例 今度、○○にご飯に行こうよ。1日限定5食のスイーツおごるよ。

POINT 店名や場所を伝えることで「なぜそこなのか？」という点に焦点を合わせ、さらに「1日限定5食」という特別感を演出しています。

▶映画に誘う

✖ 映画を見に行きませんか？

〇 ひとりだと寂しいから一緒に行かない？

実 例 あの映画家族の絆がテーマで、ひとりだと寂しいから一緒に行かない？

POINT 映画のテーマが「家族の絆」なので、「ひとりで行くと寂しいから」と、間接的に誘って、相手の口からYESと言わせる伝え方です。

Part 3 相手を気持ちよく動かすモノの言い方／誘う

▶また会いたいとき❶

✖ また会いましょう。

⭕ ○○の話ができて うれしかったです！

実例 フランス映画の話ができてうれしかったです！　あそこまで詳しい方はなかなかいませんよ。

POINT 「フランス映画」という共通の話題について「話せて楽しかった！」というプラスの印象を伝え、「詳しい方」で「特別」という意味合いを伝えられます。

▶また会いたいとき❷

✖ また、ぜひ会いたいですね。

⭕ また○○の話をしましょう！

実例 今日はとても楽しかったです。また野球の話をしましょうね！

POINT 「今日はとても楽しかった。また、○○の話をしましょう！」と言うことで「ぜひ、またお会いしましょうね！」というメッセージを伝えられます。

▶また会いたいとき❸

✖ また連絡しますね！

⭕ メールと電話、 どちらがよろしいですか？

実例 後日、連絡をさせていただきますが、メールと電話、どちらがよろしいですか？

POINT 「メールと電話」という「選択肢」を設けることで、相手に応える際の負担感を減らすと同時に、「また会う」という前提を作れます。

▶ミーティングに誘う

✖ ミーティングに来てください。

◯ ○○さんには来てもらいたいんです。

実 例 他の人は来なくても、○○さんには来てもらいたいんです。

POINT 「他の人は来なくても」というフレーズが入ることで、「あなただけにはいてほしい！」という気持ちが強調される伝え方です。

▶上司をランチに誘う

✖ お昼、ご一緒できますか？

◯ ここのところ、ゆっくりとお話しできていませんね！

実 例 ここのところ、ゆっくりとお話しできていませんね！ ランチでもいかがですか？

POINT 「ゆっくり話したいです！」という気持ちが伝わり、また、部下からランチに誘うことで上司への信頼を伝えられます。

▶待ち望んでいることを伝える

✖ どうぞいらしてください

◯ 心よりお待ちしております。

実 例 皆様のご来訪を心よりお待ちしております。

POINT 「お待ちしている」の方がより積極的な姿勢を見せることができ、来る方も負担が少なくなるので参加しやすくなります。

Part 3 相手を気持ちよく動かすモノの言い方／誘う

▶上司を飲み会に誘う

✖ よかったら来てもらえませんか？

⭕ ○○部長のあの話、後輩にも聞かせてあげてください。

実例 ○○さんのあの話、後輩にも聞かせてあげてください。みんな勉強になると思います！

POINT 「ぜひもっと多くの人に聞かせたい！」と話の内容をほめながら、相手の話を促す配慮を見せられる大人な伝え方です。

▶気軽な会に誘う

✖ 楽な気分で参加してよ！

⭕ どうぞお気軽に……

実例 どうぞお気軽にご参加ください。

POINT 「お気軽に」と伝えるときには、「言葉」だけではなく、「語調」や「態度・表情」も意識して伝えるとより効果的です。

▶相手の予定を気遣う

✖ 来週だったら、大丈夫だよね？

⭕ ご予定もおありかと思いますが……

実例 ご予定もおありかと思いますが、ぜひご参加ください。

POINT 「お忙しい中、お誘いしていることは十分認識しております！」という気遣いを見せながら、「そこを押して」と強調する伝え方です。

126

▶社外の活動に後輩を誘う

✖ 行けばわかるよ！

⭕ 青空の下で飲むビールは最高だよ。

実例 青空の下で飲むビールは最高だよ。今週末、一緒にキャンプ行かない？

POINT 「青空の元でビールをぐい飲みしている姿」をイメージさせることで、よりその気にさせやすくなります。

▶大勢を誘う

✖ みんなで来てください。

⭕ 人数多いほうが盛り上がるから……

実例 人数多いほうが盛り上がるから、他部署の人たちも来てほしいんですよね。

POINT 「別に部署が違うからといって気にする必要はないのですよ！」と、相手の心配ごとに働きかけることで、不安感を軽減できます。

▶（パーティなどに）必ず参加してほしいとき

✖ 絶対参加してください

⭕ 万障お繰り合わせの上、ご出席ください。

実例 ○○の忘年会、万障お繰り合わせの上、ご出席ください。

POINT 「さまざまな不都合な事情を調整して出席してほしい」という意味合いです。親しい仲でも、仕事や公式の場、改まった場に誘うときに使う言い回しです。

Part 3 相手を気持ちよく動かすモノの言い方／誘う

Column

会話の基本は相手の話に耳を傾けること「聞く力」を養うことで伝え上手になれる!

　相手の理解や承諾を得るのが説明や提案することの目的ですが、その際、「相手が何をどこまで知っているのか?」「相手が何を知りたがっているのか?」という情報を事前につかんでおく必要があります。そのため、まずは相手の話を聞き、それらの情報を入手しましょう。

　話を聞くときは、「どう聞けば、相手が話しやすいのか」を意識することが大事です。相手の話を聞いてうなずいたり、アイ・コンタクトを向けたり、ときどきあいづちを打つと、相手は話しやすいと感じるようになります(ポジティブ・リスニング)。

　また、相手に伝えるために必要な情報も収集する必要がありますが、そこで活用したいのが「アクティブ・リスニング」です。話の中でカギになった言葉を繰り返し、相手にフィードバック(オウム返し)することで好印象を与え、信頼が得られやすくなります。

CHECK 「聞く力」が足りないことで起こる失敗

- ☐ 決めつけや思い込みをともなう聞き方をすることで、誤解を招いてしまう。
- ☐ ひとりよがりで自分に都合がよい「聞き方」になるので、わがままだと思われる。
- ☐ 正確に話を聞けないと、「あの人に話しても伝わらない」と避けられてしまう。
- ☐ 相手の立場や気持ちに気を配れないと、信頼と協力が得られにくい。

Part 4

会話の誤解&トラブルを防ぐ
伝え方のテクニック

相手が理解しやすい話の展開法やプレゼンテーションの原則、効果的なアイ・コンタクトの方法など、話が伝わらなくて悩んでいる"伝えベタ"な人が知っておきたい基本テクニックを紹介します。

どうしてわかってくれないの？
あなたの伝えベタを解消するチェックポイント

「これでわかってもらえるはず！」と自分の価値判断で決めつけるひとりよがりな話し方では、相手に伝わりません。ここでは、「伝えベタ」の原因を理解し、解消するためのチェックポインを紹介します。

☑ まずは聞き役に回り、相手の知りたい箇所を確認する

伝えることの目的は、相手に理解してもらい、YESを引き出すこと。そのためには、相手が何をどこまで知っていて、何を聞きたがっているのかを把握しておく必要があります。そこで、最初は聞き役に徹して相手の知りたい箇所を確認し、そこに焦点を当てて話すようにしましょう。

☑ 声かけやあいさつが上手な人になる

相手にものを伝えるとき、聞き手の関心をつかむ工夫も心がけておく必要があります。その中でも有効なのが、相手から確実に返事が来るような「声かけ」や「あいさつ」です。第一印象がよくなれば、こちらの話を聞く意欲も高まり、相手に話が伝わりやすくなります。

☑ 身近な具体例を用いて伝えることを習慣づける

共通性が高いニュースや体験談、偉人や有名人のエピソードなどの具体例を用いることで、聞き手を引きつけることができます。ただし、相手が共感しにくい、よく知らない具体例だと伝わるものも伝わらなくなるので、相手に合わせた的確な具体例を用いるようにしましょう。

話がひと区切りしたところで確認する

　こちらから一方的に話し続けるのではなく、話の切れ目で「大丈夫ですか？」「何か不明点はありますか？」などと確認し、相手がどれだけ話を理解しているのかを確かめましょう。もし相手がわかっていないようであれば、繰り返し説明します。

相手が話を聞きやすい態度や表情を意識する

　人は話を聞くとき、基本的には話し手の顔やしぐさを見ます。そこで表情を豊かにしたり、話をするときにジェスチャーを加えたりすると、相手の視覚にも訴えることができます。「話の内容さえよければ大丈夫」と安心せず、相手が話を聞きやすくなるような態度や表情を常に意識しましょう。

言葉だけでなく、現物やビジュアルを活用する

　相手に話を伝えるとき、言葉だけでは限界という場面が多々あります。そこで現物やビジュアル、表やグラフなどを見せれば、相手の理解度も高まります。ただし、これらの要素はあくまで説明を補足するためのものなので、これらに頼りすぎないように気をつける必要があります。

相手に発言させる

　例えば本題に入る前に、「○○についてどれくらいご存じですか？」と聞けば、相手の理解度を確認することができます。また、一方的に話しているだけだと、聞き手が飽きてしまいます。適度に質問すれば、相手の注意を引きやすくなります。

「簡潔な表現」を短時間で伝える

　読点（、）が続く話し方は、ダラダラと間延びしたような印象を与えます。そこでなるべく句点（。）が多い文章にして、語尾をハッキリと伝えるようにしましょう。これにより話し手のトークが簡潔でわかりやすくなり、聞き手の理解度も高まっていきます。

テクニック 01
「相手の立場」に立って考えることが伝えるための第一歩

相手の不安感を取り除き、最適な伝え方で説明する

「わかってもらう」ために重要なのは、相手の立場に立って考えることです。いきなり自分の話を始めるのではなく、まずは、聞き役に回って、相手の理解度を確認。そして、これから何について伝えるのかを予告して、相手の不安感を取り除きましょう。見通しが立たないと不安になって話に集中できないため、結果として話が伝わりづらくなるので、注意してください。

具体的な話に入った後も相手のことを考えて、「ここまでよろしいですか？」などと相手の理解度をその場で確認しながら、話を進めていくと効果的です。また、最後に、わかりにくかった点などを聞く「質疑応答」を入れるとさらに相手の理解度が高まります。順序立てて、確実に伝えることで、相手の理解を促進できます。

POINT

相手が知りたい部分や理解度を探る
まずは、「相手が何をわかりたいのか？」を知り、理解度を確認しましょう。これによって、必要なことを必要な人に、「必要なだけ」伝えることができます。

話の予告をすることで見通しを示す
話を始める前に、これから「何について伝えるのか？」を予告して、見通しを示しましょう。人間は見通しが立つと安心して話が聞けるため、より伝わりやすくなります。

テクニック 02 相手を尊重する伝え方をして気持ちよく動いてもらおう

感情面で納得させて、相手の行動を引き出す

「行動」は頭でわかっただけでは足りず、感情面での納得が前提です。相手を動かすには、相手の頭脳に「論理的」に伝え、相手の感情に「情緒的」に伝えることを意識しましょう。例えば、「あなたはこのような方法を実践すれば、実現できる」と方法を提示するなど、できるだけ相手が負担を感じないような工夫をするとよいでしょう。

また、「それをやれば気持ちがよい」とイメージできるような結果を示すのも効果的です。行動が具体的にイメージできると、その行動を阻害するハードルが下がり、より行動に移しやすくなります。さらに、「あなたなら！」「他でもないあなただから！」と相手を尊重する伝え方をすると、相手の自尊心をくすぐることができるため、相手が行動に移す可能性が高まります。

POINT

論理ではなく、感情で納得させる
論理的な説明だけでなく、感情に訴えかける伝え方をすることで、相手が動きやすくなります。論理で押すと、相手の感情を逆なでしてしまうこともあるので注意しましょう。

具体的な方法を示してイメージをわかせる
やらなくてはいけないとわかっていても、方法がわからなければできません。具体的な方法や負担の量、結果を示すことで、より相手が動きやすくなります。

テクニック03 表情で印象をよくする伝え方で相手の警戒心を解きほぐす

常日頃から自分の表情を意識する

「目から入る印象」の中で、もっとも大事なのが顔の表情です。つまらなそうな表情で話されると、「この話はつまらない」と相手の脳にインプットされてしまいます。そこで、こまめに鏡を見て表情を確認するとともに、表情を豊かにするトレーニングに励むようにしましょう。

表情の中でとくに重要なのが、相手の警戒心を解き、心を開かせる効果がある笑顔です。笑顔は口角を上げることでできますが、年とともに下がるといわれています。そのため、割りばしを口にくわえるといったトレーニングで、笑顔のときの口の形をつくるようにします。

表情を豊かにするトレーニング

❶ 割りばしを1分間口にくわえる

割りばしをかんだときの口の形は、笑顔のときの口の形になっている。

❷ 手で顔をマッサージする

マッサージすることで顔の緊張を和らげ、表情を豊かにすることができる。

デール・カーネギーが説く「笑顔の効用」

『人を動かす』の著者として有名なデール・カーネギーは、同著において「笑顔がもたらす効用」について次のように述べています。

「(笑顔は) 元手がいらない。しかも利益は莫大。与えても減らず、与えられたものは豊かになれる。どんな金持ちでもこれ無しでは暮らせない。どんなに貧乏でもこれによって豊かになれる」　　　　　　　　　　　by デール・カーネギー

テクニック04 交渉のためには、相手との「調整＆合意」の形成が重要

双方の意見や目的の違いを調整して、相手の理解と納得を得る

　交渉は、まず調整や合意形成の前提となる双方の「違い」を知ることから始まります。違いを確認したら、話し合いのための「接点」はどこなのかを明確にしておきましょう。交渉の目標を確認することで、無駄を省けます。

　交渉に入ったら、自分の主張や要求を通すための「必要性」に気づかせる伝え方をして、相手の理解と納得を得るようにしてください。このとき、相手を立てたり、ほめたりして、相手の「自尊感情」を守るような伝え方や表現を心がけるのもポイントです。

　対立した状況からスタートする交渉では、ちょっとした伝え方のミスで流れがガラリと変わってしまうので注意してください。また、「○○さんもお勧め」「今だからこそ」のように、周囲の人や場所、時を活用しながら、話を進めるのもよいでしょう。

POINT

双方の違いを知り、的を射た交渉をする
双方の違いを知ることは、調整や合意形成のための前提条件です。相手のストライクゾーンや的を確認しておき、無駄がなく、より伝わりやすい表現を心がけてください。

必要性を示して、相手の理解と納得を得る
自分の主張や要求を通すためには、なぜそれが必要なのか、相手に気づかせる伝え方をするのがポイント。相手がその必要性に気づけば、交渉がスムーズに進みます。

テクニック 05 相手にうまく伝える「説明」は、「定義・理由・具体例」の提示が基本

説明力が不十分だと相手を説得できない

すぐれた説明というのは、それ自体に説得力を有しています。そのため相手の心を動かすのも、それほど難しくはないと言えます。

しかし、説明力が足りず、十分な理解が得られないまま説得に移ると、後になって「そんな話、聞いていない」とトラブルを招いてしまいます。

相手に伝わる説明の基本

定義

「〜とは何か？」という定義の確認

説明に使われる言葉や概念についての定義を明らかにし、共通理解の促進をはかります。

理由・根拠

「なぜ〜なのか？」という理由・根拠の明確化

相手に理解・納得してもらうには、「なぜ必要なのか？」と理由・根拠を明確にする必要があります。

具体的な方法提示

「どのように〜する」という方法の提示

抽象的な表現は範囲が広く、何を指しているのかが理解しにくいです。「例えば…」と身近な具体例を用い、どうすれば実現できるかを示しましょう。

説明力を上げる7つのスキル

説明能力を上げるために必要な7つのスキルは、
「せ・つ・め・い・よ・こ・れ」の語呂で覚えることができます。
今の自分にどれだけ説明能力のスキルがあるのか、確認してみましょう。

できて / 時々 / できて
いる / いない

せ　整理して順序よく配列する
- 「何をどのように」という順番が整理されている
- 話の一貫性・整合性がとれている
- 「ひと言で何をわからせたいのか？」が明確だったか？

つ　強めの箇所（強調点・山場）をハッキリと打ち出す
- 「繰り返し」や「反復」を使って強調する
- 対比や比較をして強調する
- 「もし、それがなければ…」と逆説から強調する

め　目配りで反応を確かめながら説明する
- アイ・コンタクトをしながら説明する
- 質問や問いかけを入れて、理解度を確認しながら説明する
- 目配りで間をとって反応をキャッチし、説明する

い　一時に一事の原則を用いる
- ひとつずつ焦点を絞り込み、説明する
- あれもこれもと同時に説明しない
- 「ここまでよろしいですか？」と、確認しながら説明する

よ　予告する
- アウトライン（全体像）を説明する
- 結果がどうなるのかを示して説明する
- 聞き手の興味・関心を引くサブテーマで予告する

こ　言葉の吟味をはかる
- 専門用語をわかりやすい言葉で言い換える
- 相手が理解できる言葉かどうか、説明する前にチェックする
- リハーサルで簡潔明瞭な表現にする

れ　例を挙げてわからせる
- 身近な例で理解度を促進させ、わからせる
- 比喩を効果的に用いてわからせる
- 具体的な表現や事例を用いてわからせる

出典：（株）話し方研究所

Part 4　会話の誤解＆トラブルを防ぐ 伝え方のテクニック

テクニック 06 相手の頭と心に刺さる 話の展開力を上げる7つの話題

相手が理解しやすい話の組み立て方を学ぶ

相手に伝えるときに大切なのが、「どう話すか？」を考えることです。相手が理解しやすい話の展開法を身につけることで、こちらが伝えたいことを正確に伝えられるようになります。

話の展開力を上げる「話題」を盛り込むよう意識しながら伝えてみましょう。

話の展開力を上げる7つの「話題」

伝え上手になるためには、どんな「話題」を話に含ませるとよいのでしょうか。話を展開する力を上げる7種類の「話題」を紹介します。

❶ **「つかみの話題」** で意外性を演出し、注意喚起を心がける。
❷ 相手が聞いてみたいと思わせる **「興味を引く話題」**
❸ 相手に「もっと聞きたい！」と思わせる **「欲する話題」**
❹ 相手の理解を促進させる
　「相手の頭脳に、論理的に訴える話題」
❺ 相手の納得を得る **「相手が腑に落ちる話題」**
❻ 独自の語呂合わせなど、**「相手の記憶に定着させる話題」** をピンポイントで用いる。
❼ 思わず行動したくなるような **「結びの話題」**

テクニック 07
相手が理解しやすい話の展開法❶
「起→承→転→結」で話を進めていく

スピーチのときにおすすめの話の組み立て方

　話の構成の組み立てにおいて、もっともオーソドックスな話し方が「起承転結」の順番に話す手法です。まずは「起」で話を起こし、話をすることになったきっかけなどを述べます。次に、その起こした話を具体的に進めていくのが「承」です。相手に伝えるのに情報が不足していたら、この部分で補います。続く「転」では、別の観点を述べる、それまでの話に疑問を呈するなどして、話に変化を与えます。そして「結」では、「転」で示した疑問に回答したり、結論や主張を述べるなどして話を結びます。

　必ず「転」を入れなければならないわけではなく、「起承結」でまとめても問題はありません。しかし、「転」で話に別の観点を持たせたり、疑問を呈することで、最終的には話に説得力を持たせることができます。

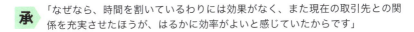

起	承	転	結
話を起こす	具体的に話を進める	別の観点を述べる 今までの話に疑問を呈する	結論・主張を述べる

「起承転結」を使った会話例

起	「私は、今まで新規の取引先を見つける営業活動はムダだと感じていました」
承	「なぜなら、時間を割いているわりには効果がなく、また現在の取引先との関係を充実させたほうが、はるかに効率がよいと感じていたからです」
転	「しかし先日、新規営業先で○○弁護士と出会い、我が社の顧問弁護士になっていただきました」
結	「新規営業は単に利益を上げるだけの目的でやるのではなく、人のつながりを増やすためにも有効な仕事だと思うようになり、今まで以上に身を入れてやれるようになりました」

テクニック 08

相手が理解しやすい話の展開法❷
「序論→本論→結論」で話をまとめる

論文の構成などでおすすめの組み立て方

序論（前置き）・本論（主題）・結論（結び）で話をまとめる手法は、論文の構成などでよく用いられます。

最初の「序論」では、話の目的や、これから話す内容が何なのかを話します。このとき、自分の体験や感じていることを交えながら述べることで、聞き手の興味や関心を引きつけることができます。続く本論は、結論を導くための大事な部分です。話がうまく伝えられるかどうかは、この部分の出来不出来にかかっています。そして、最後の結論で話をまとめます。

以上が序論・本論・結論による話し方ですが、序論のところで主張や結論を交えるなど、少しアレンジを加えてもよいです。

序論（前置き）
これから話す内容や、話の目的を紹介する

本論（主題）
話を具体的に展開する

結論（結び）
本論を踏まえて話をまとめる

「序論→本論→結論」を用いた会話例

序論
「先日、『案ずるより産むが易し』ということわざが大事だと感じた出来事がありました」

本論
「以前社内で『大物芸能人の○○さんに、CMのオファーを出してみては？』という話が出たのですが、『ウチみたいな小さい会社のCMなんて、絶対やってくれない』と反対意見が出て、結局オファーもしないまま、その話は立ち消えになりました。ところが、○○さんがウチと同じ規模の会社のCMに出ているのを、テレビで見てしまいました」

結論
「この経験から、あれこれ考えるよりもまずは挑戦することで、思わぬ成果が得られるということを実感しました。今後こういう話が出てきたときは、ダメ元でも果敢にチャレンジしたいと思います」

テクニック09 相手が理解しやすい話の展開法❸
「AREA（エリア）法」で話をまとめる

ビジネスでの提案＆報告におすすめの組み立て方

「AREA法」は、主張（Assertion）、理由（Reason）、根拠（Evidence）・具体例（Example）、主張（Assertion）の頭文字をとって名付けた話のまとめ方です。このまとめ方の最大の特徴は、結論を最初に述べていることです。そのため、ビジネスにおける提案や報告などで役立ちます。

例えばプレゼンや会議でも、結論を最後にすると、聞く側が途中で飽きてしまい、話の要点もつかめなくなるおそれがあります。しかし、最初に結論を述べると、「この話のポイントはどこにあるのか」がつかみやすくなります。時間の短縮にもつながるので、ぜひ試してみましょう。

主張(Assertion)	理由(Reason)	根拠(Evidence)・具体例(Example)	主張(Assertion)
「自分が言いたいこと」を述べる	なぜその主張に至ったのかの理由を述べる	主張を裏付ける根拠や具体例を提示する	主張を再度繰り返して話をまとめる

「AREA法」を用いた会話例

上司：「昨日のイベントはどうだった？」

部下：「おかげさまで大盛況だったのですが、もう少しスタッフを増やしたほうがいいですね」（Assertion：主張）

上司：「どうしてだい？」

部下：「我が社のブースにはたくさんお客さんがやってきたのですが、スタッフの人数が足りず、対処できませんでした」（Reason：理由）
「実際、来場者アンケートでも、その点が響いて低い評価にとどまっています」（Evidence：根拠）
「なので、次はスタッフの数を増員していただけませんか？」（Assertion：主張）

上司：「わかった、考えとくよ」

Part 4 会話の誤解＆トラブルを防ぐ 伝え方のテクニック

テクニック10 初対面の人との会話の展開に詰まったときの対処法

相手が話しやすい質問で会話をスムーズに進める

▶ 同じ質問を返す

例えば、「○○さんは何型ですか？」と聞かれたら、「私はA型ですが、△△さんは何型ですか？」と返してあげましょう。これにより、「血液型一緒ですね！」など新たな話題が生まれ、自然と会話も弾んでいきます。

▶ YESかNOで答えられる質問をする

相手があまり話に乗ってこないような相手であれば、YES・NOで答えられる質問をしてみましょう。そして相手が答えたあと、「なぜYES（NO）なのですか？」と聞くことで、スムーズに会話が進んでいきます。

▶「5W1H」を意識する

YES・NOで答えてもらったあと、5W1H（誰が・何を・いつ・どこで・なぜ・どうやって）の形式で質問すると、話が盛り上がりやすくなります。また、「私は○○だったんですが、△△さんはどうですか？」など、自分の話を含めてから質問をするのも効果的です。

▶ 成功談や苦労話を聞き出す

「YES・NO」「5W1H」形式の質問を経て会話が弾んできたら、相手の成功談や苦労話を聞き出してみましょう。こうした話はついたくさん話してしまうものですが、成功談は相手に「自慢話になっちゃうかな」と思わせる可能性もあるので、まずは苦労話から聞くのがよいです。

▶ 趣味の話を持ち出す

相手があまり話に乗ってこないようであれば、とりあえず趣味の質問をしてみましょう。そこから思わぬ突破口が開けるときもあります。他にも季節や天候、旅、家族や兄弟姉妹なども、会話に困ったときにおすすめしたい話題です。

テクニック 11 相手の理解度を高める プレゼンテーションの三原則

「伝えたいこと」はひとつに絞る

人前で提案・説得などをするプレゼンテーションに対し、苦手意識を抱く人は少なくありません。しかし、「わかりやすく・簡潔に・印象深く」という三原則を押さえるだけで、プレゼン技術は飛躍的にアップします。

プレゼンでありがちな、「結局何が言いたかったのかがわからない」という失敗をしないようにしましょう。

プレゼンテーションの三原則

わかりやすく（関係の明確化）
- 項目ごとに整理する
- 具体例を用いる
- 主張したいことの全体像を示す
- 相手の理解に応じ、わかりやすい言葉で伝える

簡潔に（核心の明確化）
- 主題は一行でシンプルに表す
- センテンスを短くする
- 事前に練習を重ね、ムダな部分を省いていく
- 的確な言葉で核心を押さえる

印象深く（印象の明確化）
- 意外性を出す
- イメージが浮かぶよう視覚に訴える
- 山場や強調点を出す
- 最初と最後でインパクトを与える
- 身振り手振りを交えて躍動感を出す

出典：（株）話し方研究所

Part 4　会話の誤解＆トラブルを防ぐ 伝え方のテクニック

テクニック 12 大勢の前で話すときに効果的な正しいアイ・コンタクトを覚えよう！

キョロキョロするのはNG！ ひとりにつき3秒のアイコンタクトをとる

　スピーチやプレゼンテーションなど、大勢の前で話すとき、「見られている」という意識が強くなりがちです。そして、下を向いたり、天井を向いたりと、視線が定まらずキョロキョロして、落ち着かない印象を与えてしまいシドロモドロに……。

　しかし、聞き手というのはそこまで話し手の一挙手一投足に注目しているわけではありません。なかには好意的に見ている人もいるので、意思の疎通をはかるつもりで「アイ・コンタクト」をしてみましょう。

アイ・コンタクトのよい例と悪い例

よい例（ライフル型）

ひとりにつき3秒ほどアイ・コンタクトをとり、話の区切りで視線を変える。

悪い例（機関銃型）

視線が定まらず、キョロキョロして落ち着かないように見えてしまう。

アイ・コンタクト チェックシート

アイ・コンタクトの悪い例10項目を紹介。
5項目以上当てはまる人は、改善してみましょう。

- ☐ キョロキョロして視線が定まらない。
- ☐ 天井や床を見てしまう。
- ☐ 特定の人にだけ長時間アイ・コンタクトをする。
- ☐ 目が合ったと思ったら、まぶたを閉じてしまう。
- ☐ 端から順番に、機械的にアイ・コンタクトをする。
- ☐ 相手をついにらみつけてしまう。
- ☐ メガネを外して、聞き手が見えないようにする。
- ☐ あごを突き出してアイ・コンタクトをする。
- ☐ 同じリズムで、首を回しながらアイ・コンタクトをする。
- ☐ アイ・コンタクトをするとき、まばたきが多い。

Part 5

会話の「困った!?」を解消する
雑談のテクニック

初対面の人との会話が苦手、雑談中の沈黙が怖い、苦手な人と話すと頭が真っ白になってしまう……。"雑談ベタ"によくある3大シーンを克服するための基本テクニックを紹介します。

> 人と話すのがうんとラクになる

あなたの雑談ベタを解消するチェックポイント

会話はキャッチボールです。雑談というと「自分の話」をすると考えがちですが、相手の話をきちんと聞くことが雑談上手になる第一歩。ここでは「雑談ベタ」を解消するためのチェックポイントを紹介します。

☑ "先に" 相手の名前を呼んであいさつする

まずは身近な声をかけやすい人の名前を呼んで、あいさつしてみましょう。"名前を呼ぶ" という新しい習慣を意識すると、関係性が変わります。慣れたら、範囲を広げていきましょう。

例　おはようございます　→　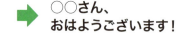

POINT 名前を呼ぶことで、相手の意識を自分に向けることができます。

☑ "笑顔" で "打てば響くように" 反応を示す

雑談はキャッチボールなので、反応の示し方や早さが重要になります。反応を示すときは、たとえ言葉が浮かんでいなくてもまずは笑顔で。また、反応が早いと好印象を与えられます。

例　わかりました　→　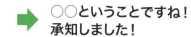

POINT 相手から説明を受けたときは、説明のポイントを繰り返すと効果的です。

☑ 肯定的な言葉を使う

「嫌い」や「できない」など、否定的な言葉を使うと、相手に悪い印象を与えてしまいます。雑談をするときもできるだけ物事を "肯定的" に見て、肯定的な言葉を使うように心がけましょう。

例　できないですね　→　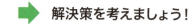

POINT 難しいことでも、できるだけ肯定的な表現をしましょう。

✅ できるだけ "豊かな表情" で接する

雑談中は、いつも笑顔で、喜怒哀楽の表現を大きめにしてみましょう。表情は言葉以上に "伝える力" を持っているので、たとえ話がつまらなくても、表情で人を引きつけることができます。

例 なるほど えっ？ 知らなかったです！

POINT 単にうなずくのではなく、驚きを表現してみましょう。

✅ 自分と "違うタイプ" の人と積極的に接する

自分と "違うタイプ" や "違う世界" の人と話すと、たくさんの刺激を受けます。話題づくりのためにも、雑談力アップのためにも、様々なタイプの人たちと積極的に話してみてください。

例 私とは違いますね それはすごい！
○○の楽しみって何ですか？

POINT 相手との違いに興味を示して、さらに質問してみましょう。

✅ できるだけ "先入観" を持たないで人と接する

誰でも先入観を持ちがちですが、先入観を持つとそこから抜け出せなくなります。これはかなり難しいテクニックなので、意識的に "白紙の状態" をつくるように練習してみてください。

例 ○○なんて、意外ですね ○○なんですね！

POINT 勝手な思い込みを捨てて、相手の言葉を素直に受け入れましょう。

✅ "諦めず粘り強く" 働きかける

話が相手に伝わらなくても、諦めずに話を続けてください。"わかるはず" "わかるべき" という "はずべき" は "恥ずべき" 行為として、失敗を恐れずに話してみましょう。

例 わかりますよね？ わかりにくいですか？
では、これならどうですか？

POINT 話が相手に伝わらなかったときは、例を挙げるなどして説明を尽くしましょう。

✅ 相手の "持ち味" を発見して、尊重する

会話では、自分の持ち味を活かすことも大事ですが、相手の持ち味を尊重することがより重要になります。よく相手のことを観察して、持ち味を探してみてください。

例 私ならこうします ○○さんのやり方は
効率がよさそうですね！

POINT 相手のことをよく観察して、よいと思うところを指摘してみましょう。

Part 5 会話の「困った!?」を解消する 雑談のテクニック

お互いの共通点を見つけることで自然と話が盛り上がる

相手を細かく観察して具体的な共通点を探す

　共通の趣味、共通の友人など、相手との共通点を見つけて、それに関連した話をすると、お互いに"自分事"になるので、自然と話が盛り上がります。よく知らない相手と雑談をするときは、まず共通点を探してみてください。「共通点なんて見つけられない……」という方におすすめなのが、相手の外見の特徴をよく見ること。細かい部分までよく見てみると、きれいな靴を履いていたり、見慣れないペンを持っていたりと、雑談の手がかりがたくさん見つかるはずです。その手がかりをもとに、共通点を探してみましょう。そして、外見から共通点を見つけて会話につなげたら、次は、その会話から家族や趣味などの共通点を見つけることもできます。この共通点は、具体的であればあるほど、雑談を盛り上げる力が高まるので、相手のことを細かく観察、分析して、具体的な共通点を見つけましょう。

CHECK!!

☐ **相手の外見を細かく観察する**
外見には、さまざまな手がかりがあるので、服装や持ち物などを細かく観察しましょう。もし、手がかりを見つけられない場合は、その場にあるものを話題にするのも手です。

☐ **会話の中で手がかりを探す**
会話の中にも手がかりがたくさん出てきます。もし共通点が見つからない場合は、季節やニュースなど、誰にでも使える共通点を話題にするとよいでしょう。

☐ **具体的な共通点を探す**
共通点はできるだけ具体的なものを探すようにしてください。具体的な共通点を見つけると、話が盛り上がるだけでなく、相手の記憶にも残りやすくなります。

共通点を見つけた場合のフレーズ例

☐ 相手の身長が高かった場合

ご両親も背が高いんですか？

身長の高い男性は、身長について聞かれることが多いので、答え慣れています。身長が高いことでのメリットやデメリットなどを聞くのもよいでしょう。

☐ 相手が体格のよい男性だった場合

何かスポーツをされていましたか？

体格がよい男性には、スポーツの話題を振ってみましょう。自分と同じスポーツをやっていた場合は、とても使いやすい共通点になります。

☐ 相手がスーツを着ていた場合

夏場のスーツはきついですよね

夏場に相手がスーツを着ているときは、大変さに共感する言葉をかけてみましょう。もし、自分もスーツを着ているなら、苦労話で盛り上がれます。

☐ 大きな手帳を持っていた場合

スケジュール管理は"手帳派"ですか？

相手の持ち物で目を引く部分があれば、素直にそれを指摘するのもよいでしょう。さらに、そこから一歩進んだ話題を振れれば、より深い話ができます。

☐ 季節の話になった場合

夏もあっという間に終わってしまいましたね。

季節の話題は、誰にでも使える"共通点"です。初対面の人でも、あまり親密ではない人でも、気軽に季節の話題を投げかけてみましょう。

☐ ニュースの話になった場合

最近、○○のニュースが増えましたね。

誰でも知っている大きなニュースは格好の雑談ネタです。ビジネスなら、業界内のニュースを話題にしてみるのもよいでしょう。雑談で意外な情報が得られるかもしれません。

☐ 健康の話になった場合

毎日続けていることはありますか？

健康ネタは鉄板の共通点です。特に40歳以上なら、何かしらのこだわりを持っている確率が高まります。ただし、持病やアレルギーの話になったら深入りしないように注意しましょう。

Part 5 会話の「困った!?」を解消する 雑談のテクニック

テクニック 02
相手が答えやすい質問で会話が弾んで好印象に！

質問がうまくなると説明&説得もうまくなる

　質問は「質を問う」と書きます。質問上手は、説明上手であり、説得上手と言えるので、雑談力アップを目指すなら、まずは質問上手になるのが近道です。質問するときのポイントは、相手が答えやすいような環境をつくること。具体的には、まず、YESと答えられるような"簡単な質問"から始めること。あるいは、お互いにわかっていることを質問してみるのも効果的です。

CHECK!!

相手の気持ちを考えた質問が"上手な質問"です。
自分勝手な思い込みを捨てて、相手に合わせた質問を心がけてください。

- ☐ 即答しやすい質問から入る
- ☐ 質問にふさわしい時と場所を選ぶ
- ☐ 相手が話したいことから質問する
- ☐ 確認の質問や例を挙げて、相手の答えを促す
- ☐ 具体的に5W1Hを活用して質問する
- ☐ 決めつけないで、間口の広い質問をする
- ☐ 本音を聞き出すには、こちらも本音で質問する
- ☐ あいさつ代わりの質問で雰囲気をつくる
- ☐ 聞きづらいことを質問するときは、相手のふところに飛び込む
- ☐ 無理に聞き出そうとせず、相手が話し始めるまで待つ

テクニック03 相手が質問に答えてくれたら あいづちを打って話を盛り上げる

あいづちを使い分けて話を思い通りに導く

あいづちには、①同意して自分の意見を聞いてもらう環境を整える"同意"、②相手の気持ちや立場に配慮することで心をつかむ"共感"、③議論を整理する"整理"、④話を促す"促進"、⑤相手を否定せずに話を変える"転換"、⑥驚きを示して話を盛り上げる"驚嘆"の6種類があります。その場の空気や相手の反応に合わせて、あいづちを使い分ければ、話を思い通りに導くことができます。

CHECK!!

相手や話の流れに合わせて、適切なあいづちをテンポよく入れられると、話が盛り上がりやすくなります。

- ☐ 時間を置かずに、打てば響くようにあいづちを入れる
- ☐ 相手の目を見て、表情豊かに、あいづち言葉を入れる
- ☐ 相手が強調したい言葉をオウム返しのあいづちとして入れる
- ☐ 相手の立場や気持ちに共感するあいづちを入れる
- ☐ 意見が違っても、相手の考えを肯定するあいづちを入れる
- ☐ 話がわかりにくい人には、話を整理するあいづちを入れる
- ☐ 同じ話を繰り返す人には、話を変えるあいづちを入れる
- ☐ 口の重い人には、話を促すようなあいづち言葉を入れる
- ☐ 相手の話の内容に応じて、感嘆詞や驚きのあいづちを入れる
- ☐ 相手の自尊感情を守るあいづちを入れる

テクニック04 自分勝手なネタ振りはNG！相手の反応を予想して話を振ろう

持ちネタを出しつつ目の前にある現場も活かす

ネタを振るときは、"ボケ（刺激）とツッコミ（反応）"を意識してテンポよく、直球と変化球を織り交ぜていきましょう。また、持ちネタが少ない場合は、その場でネタを探す練習をしてみてください。相手の服装、場所、置物など、目の前にあるものをネタにして、話を振ってみましょう。ビジネスの会話ではなく雑談なので、トライアンドエラーで気軽に練習しましょう。

CHECK!!

ネタを振るときは、相手のことを考えて答えやすいネタを振りましょう。
自分勝手なネタ振りをすると、雑談がスムーズに進みません。

- ☐ 唐突にネタを振らない
- ☐ 一旦相手を肯定してから、ネタを振る
- ☐ 相手が上手く答えられなかったときは自分のせいにする
- ☐ ネタを振ったときに、どんな反応が返ってくるか予想をしておく
- ☐ 相手の話の意図や内容を確認してから、ネタを振る
- ☐ ネタを振るときは、簡潔でわかりやすい表現で振る
- ☐ 情報を関連づけて、相手が答えやすいようにネタを振る
- ☐ なぜこのネタを振るのかという「理由」を述べてから振る
- ☐ ヒントめいたことを振って、手助けをしてあげる
- ☐ ネタを振るときの態度や表情にも、配慮する

テクニック 05
雑談ベタでもラクに話せる！
会話がとぎれない3つのコツ

あいさつをして緊張感をほぐすことが基本の"き"

　初対面や突然の沈黙、苦手な人との話を、どう切り抜ければよいのかわからないという悩みを持っている方は多いと思います。しかし、これは相手も同じです。どの場合でも、まずは目と目を合わせて、「こんにちは」とあいさつをしてみましょう。自然と警戒心や緊張感が取れるはずです。

　それから、相手との共通点を探すために、まずは天気、季節、行事、会話している場所のことなど、誰もが関わりのある身近な話題について質問してみてください。質問は、「相手に対して興味がある」ということを示す行為でもあるので、相手の警戒心を和らげ、連帯感を高める効果があります。質問に対する回答を得たら、感想など「自分の話」を付け加えられるとなおよいでしょう。

CHECK!!

☐ **目と目を合わせてあいさつをする**
雑談のスタートはあいさつから。目と目を合わせてあいさつをすることで、相手の意識をこちらに向け、お互いの緊張感をほぐす効果があります。

☐ **共通点を探して、質問する**
苦手な場面でも、雑談の基本は同じ。質問をしながら共通点を探し、話をどんどん掘り下げていきましょう。勇気を持って、気軽に話すのがポイントです。

☐ **回答に自分の話を付け加える**
質問ばかりしていると、自分のことを話す機会を失ってしまいます。自分のことを知ってもらうために、回答に合わせた"自分の話"を入れてみましょう。

次ページで**会話の悩み別解消ポイント**を紹介します

Part 5　会話の「困った!?」を解消する 雑談のテクニック

初対面の人と話すのが苦手…

NG例

A：昨日、すごく面白いもの見たんですよ。最近すごいハマっているネットの動画なんですけどね……

B：へー、そうなんですね……。私はテレビドラマをよく見るんですが、主演の〇〇がかっこよくて……

ここがダメ

自分が話すことばかりで頭が一杯になると、相手の話に反応できなくなります。打てば響くような反応を忘れないように注意しましょう。

解消のPOINT

- あいさつは"先手必勝"を心がけて、できるだけ自分から先にあいさつをしましょう。
- 天気や季節の話題など、誰でもわかっていることを聞く"社交的質問"をしましょう。
- 話すとき、聞くときは、相手との会話に合わせて豊かな表情でコミュニケーションしましょう。
- 相手が話し始めたら、うなずいてあいづち言葉を入れて、聞き役に回りましょう。
- 相手が話しているときに、口を挟まず、話の腰を折らないように注意しましょう。

苦手な人と話すと険悪なムードに…

NG例

A：休日は家族サービスですか？

B：ええ。

A：どちらにお出かけですか？

B：いえ、出かけませんけど。

A：えっ、もったいないですね。

B：うちはインドア派なんです。

ここがダメ

「はい」「いいえ」以外の返事を待たずに、自分の価値観だけで質問を重ねると、相手は不快になるので気をつけましょう。

解消のPOINT

- 相手の意見や考え方を尋ねることで、自分から相手に歩み寄る姿勢を示しましょう。
- 人によって聞かれたくないこともあります。質問は、相手の反応を確認しながら少しずつ。
- 相手の言葉をよく聞き、あいづちを丁寧にすれば、よりいっそう、誠意が伝わります。
- 話す量は相手７：自分３くらい。会話の主導権を相手に委ねることで、相手を立てます。
- 自分のことを伝える場合、意見や価値観を押し付けていると誤解されないよう注意しましょう。

気まずい沈黙を突破したい…

NG例

A：新商品の件だけど、君の言う通り、機能面だけを考えればAにしたいんだけどな……。

B：でもコスト面から見ると難しいよな……。どうしたらいいんだろうな……。（答えが見えない展開から抜け出せない）

ここがダメ

沈黙自体をネガティブにとらえて、マイナスな表現をすると、さらに雰囲気が悪くなるので注意。

解消のPOINT

- 話し合いの目的が明確な場合は、目的が何なのかを確認して話を戻しましょう。
- 「今の話で思い出したのだけど！」と言って、他の話へと展開しましょう。
- 「では、ここでガラッと話題を変えましょうか！」と直接空気を変えてみてもよいでしょう。
- 今までの展開について、その場にいる人に質問しながら簡単に振り返ってみましょう。
- 「ここで少し考えてみましょう！」と沈黙を全員で考える時間に変えるのも手です。

会話の流れを変えたい…

NG例

A：この前社内で問題になっていた件、その後どうなったんだっけ？ なにか進捗聞いてる？

B：まぁ、大丈夫じゃないですか？ それより今日の課長の話聞きましたか？ 奥さんとケンカしちゃったらしいですね。大変ですよねぇ。

ここがダメ

話題を変えることばかりに気を取られると、相手の話をまるで無視するかのような展開になってしまうので注意してください。

解消のPOINT

- 唐突に切り出すのではなく、直前の話題にきちんと乗ってから、他の話題に変えましょう。
- 「いい話題だから！」と取り上げ、具体的なケースを話し合ってみましょう。
- 「逆の立場から考えてみましょうか？」と逆転、対極的な見方をして、話を変えましょう。
- 周囲を巻き込みながら、いかにも全員の意見といった感じで、話題を変えるのもよいでしょう。
- 聞き手に質問して、聞き手を話し手にすると、適度な緊張感を与え、流れや雰囲気を変えられます。

Part 5 会話の「困った!?」を解消する雑談のテクニック

軽い話題で
間を埋めたい…

NG例

A：私はコーヒーが好きなんですよ。

B：そうなんですね。

A：妻は紅茶が好きだと言うんですがね、紅茶なんて渋いだけじゃないですか。

B：私も紅茶が好きなんですが…。

ここがダメ

軽い話題でも、自分の考えだけを押し付けるのはやめましょう。相手が意見を伝えられなくなったり、ケンカになったりしてしまいます。

解消のPOINT

- 短い時間で会話が終わるもの、または、途中で終わっても困らない話題を選びましょう。

- 話題は、その場にあるもの、目についたものでOK。役に立つ会話をしようなどと気負わなくても大丈夫。

- コーヒー派か紅茶派か、など、意見が正反対であっても今後の関係性に影響しない話題がベター。

- 目上の方など、くだけた会話がためらわれる場合は、若い頃の話や信条を聞くのもよいでしょう。

- これから親しくなりたい相手には、ちょっと笑える自分の弱点や失敗、習慣などを話しても。

休日に街中で
上司とバッタリ…

NG例

A：休日に会うなんて奇遇ですね。どこへ行くんですか？

B：ちょっと食事に。

A：いいですね。どのお店ですか？

B：○○だよ。

A：わぁ、ご一緒してもいいですか？

ここがダメ

親しくなりたい気持ちから、プライベートに踏み込みすぎる例です。特に休日は、相手の様子からすぐに立ち去るかどうか判断しましょう。

解消のPOINT

- ビジネスの場面ではなかなか聞けない、人間味が伝わるようなエピソードを尋ねてみましょう。

- 相手の意外な一面を知って心理的な距離が近づけば、その後の関係がより良好になります。

- 忘年会など、普段接点のない部署の人と話す場面は、社内ネットワークを広げるチャンスととらえて。

- 他部署の人とは、まずはお互いの仕事を話題にしましょう。他部署の仕事を理解する姿勢も忘れずに。

- 休日に偶然出くわした場合などは、プライベートに踏み込みすぎないよう、サッと立ち去りましょう。

気になる人と親密になりたい…

NG例

A：仕事は何をしているの？

B：看護師です。

A：夜勤や、土日出勤もあるの？

B：ええ。

A：それだと結婚後も続けるのは難しいよね？　僕とも休みが合わないし。

ここがダメ

相手の条件だけに反応して、一方的に合う／合わないを判断しています。看護師を選んだ理由など、人間性を問う質問をしましょう。

解消のPOINT

- 表面的な情報ではなく、相手の気持ちを尋ねる質問で、相手への興味を伝えましょう。

- 趣味を楽しむ気持ち、仕事への姿勢など、ひとつでも共通点が見つかると会話が盛り上がります。

- すぐに仲よくなろうと焦らず、時間をかけて少しずつわかりあえればいいと思えば気が楽です。

- 自分のことを話す場合は、熱く語りすぎないよう気をつけて。相手の反応を見ながら話しましょう。

- 警戒心の強い相手には、先に自分のことを話して、敵意がないことをアピールしましょう。

家族・親族の質問を受け流したい…

NG例

A：結婚はまだか？

B：またその話？

A：いとこのCちゃんは来年結婚らしいぞ。貯金はしてるのか？

B：まぁ、10万円ほど。

A：10万円!?　そんなんじゃ結婚できないぞ!!

ここがダメ

質問に正直に答えたら、さらに不快な言葉を聞かされる結果に。親族故の無遠慮な質問には、こちらも甘えて適当に答えてもいいでしょう。

解消のPOINT

- 近しいからこそ遠慮のないことを言ったり聞いたりする親族には、うまく受け流す術を身につけて。

- 就職や結婚などのおせっかいが気に障ったら、「おせっかい＝心配」と思ってやり過ごしましょう。

- 何度も話すエピソードや毎回の質問は習慣のようなもの。定型文だと思えばストレスも溜まりません。

- 「言わなくてもわかるはず」と甘えがちな両親や配偶者にこそ、素直に感謝を伝えることが大切。

- 義理の家族とは、接点となる夫（妻）や子ども（孫）を話題にして、関係を深めていきましょう。

Part 5　会話の「困った!?」を解消する雑談のテクニック

ご近所と良好な関係を保ちたい…

NG例

A：夏休みはどこかへ行くの?

B：家族でハワイに行く予定です。

A：あら、豪勢ね。

B：そうですか?　Cさんもハワイへ行くようですよ。Aさんは行ったことないんですか?

ここがダメ

お互いの経済状況がわかるような会話や、自慢、悪口と誤解される可能性のある話題にはくれぐれも注意しましょう。

解消のPOINT

- ご近所トラブルをなくして、日常生活を円滑にするのも雑談の大切な役割です。
- 季節の移り変わりや地域の行事など、他愛もない会話を重ねて、親しみの気持ちを育てましょう。
- 相手の家庭には立ち入らないのが鉄則。自分の家庭について聞かれても答えないようにしましょう。
- うわさ話に加わるとトラブルに巻き込まれる危険が……。話題を変えるか、すぐに立ち去るのがベターです。
- 日常生活でのちょっとした困りごとや深刻ではない悩みを共有するのも仲よくなる秘訣です。

友達と良好な関係を築きたい…

NG例

A：恋人とケンカしたんだ。

B：えっ、どうして?

A：ちょっとした誤解があって。

B：それなら早く誤解を解きなよ。

A：そうなんだけど…

B：早くしないとこじれちゃうよ。

ここがダメ

「ケンカすると苦しいよね」「誤解されると辛いね」など、Aさんの気持ちを汲み取ることができれば、より強い信頼関係を築けるでしょう。

解消のPOINT

- どの程度プライベートな事柄を尋ねるかは、お互いの心理的な距離に応じて判断しましょう。
- 友達の友達や、友人の家族・配偶者といった関係では、共通の友人の話題が話しやすいでしょう。
- 新しい友人には、自分のことを話す以上に相手のことを積極的に尋ねましょう。
- 自分からは話したがらない相手には無理に質問せず、まず自分のことを話してみましょう。
- 気の置けない友人だからと安心しすぎて、会話が雑にならないように注意しましょう。

Column

上手に話すための発声練習
相手に「届く声」をトレーニングでつくる

　話す声が小さかったり、滑舌が悪かったりすると、相手に不快な印象を与えてしまうおそれがあります。しかし、普段から発声練習をしておけば、意識的に声が出せるようになります。ここでは日常生活で簡単にできる2つの方法をご紹介。「カラスの声」というトレーニング法は、「あぁあぁ」という声を繰り返すことで「口を閉じ、鼻から息を吸う」方法をマスターするものです。また、声にメリハリを出すために、呼吸を素早く行うトレーニングもあります。

カラスの声のトレーニング

1 口をしっかり閉じて、鼻からたっぷりと息を吸う。

2 カラスのように「あぁあぁ」と、吸った息を全部出し切るくらいの大声を出す。

3 声を出し切ったら、再び口を閉じ、鼻から息をする。この**1**～**3**の流れを何度も繰り返す。

声にメリハリをつける

1 口をしっかり閉じて、鼻からたっぷりと息を吸う。

2 吸い込んだ息を、一気に吐き出す。

3 息を吐いたあと、同時に口を閉じて鼻から素早く息を吸う。そして「あっ！」と声を出し、再び口を閉じる。

監修者

櫻井 弘 (さくらい ひろし)

東京都港区生まれ。(株)櫻井弘話し方研究所代表取締役社長、(株)話し方研究所顧問。製薬、金融、サービス、IT関連等の民間企業をはじめ、人事院、各省庁、自治大学校、日本能率協会などの官公庁・各種団体に於いて、コミュニケーションに関する研修・講演を手がけ、研修先は1000以上に及ぶ。著書に『大人なら知っておきたい モノの言い方サクッとノート』『誰と会っても会話に困らない 雑談力サクッとノート』『相手のイエスを必ず引き出す モノの伝え方サクッとノート』(ともに永岡書店)など。

[STAFF]

イラスト	後藤亮平 (BLOCKBUSTER)
本文デザイン・DTP	加藤朝代 (編集室クルー)
校正	有限会社くすのき舎
編集協力	浅井貴仁 (ヱディットリアル株式會社)

※本書は、小社刊『大人なら知っておきたい モノの言い方サクッとノート』(2014年発行)、『誰と会っても会話に困らない 雑談力サクッとノート』(2014年発行)、『相手のイエスを必ず引き出す モノの伝え方サクッとノート』(2015年発行)の一部を加筆し、再編集したものです。

感じよく伝わる!
大人のモノの言い方

監 修 者	櫻井 弘
発 行 者	永岡純一
発 行 所	株式会社永岡書店
	〒176-8518 東京都練馬区豊玉上1-7-14
	代表☎ 03 (3992) 5155
	編集☎ 03 (3992) 7191
印刷・製本	クループリンティング

ISBN978-4-522-43713-1 C0036 ①
落丁本・乱丁本はお取り替えいたします。
本書の無断複写・複製・転載を禁じます。